KOKOKARA DRILL SERIES
大学入試
HAJIMERU

柳生の ここからはじめる現代文ドリル

Gakken

受験勉強の挫折の原因とは？

定期テスト対策と受験勉強の違い

本書は、これから受験勉強を始めようとしている人のための、「いちばんはじめの受験入門書」です。ただ、本書を手に取った人のなかには、「そもそも受験勉強ってどうやったらいいの？」「定期テストの勉強法と同じじゃだめなの？」と思っている人も多いのではないでしょうか。実は、定期テストと大学入試は、本質的に違う試験なのです。そのため、定期テストでは点が取れている人でも、大学入試に向けた勉強になると挫折してしまうことがよくあります。

定期テスト
とは…

授業で学んだ内容のチェックをするためのもの。

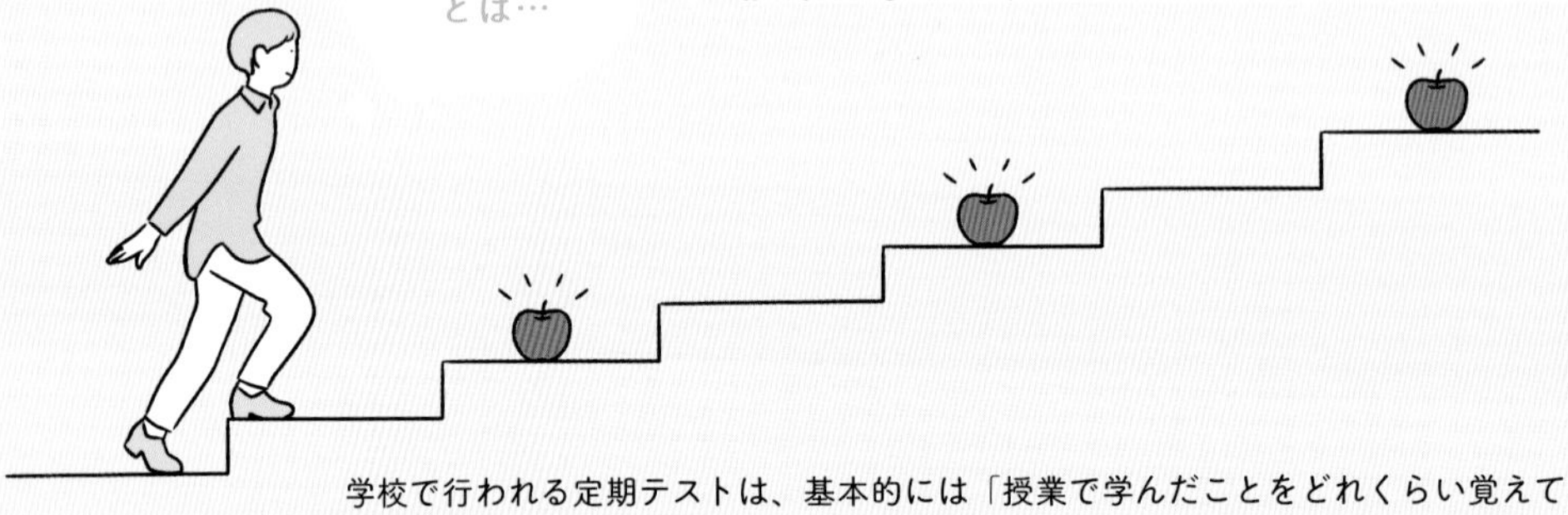

学校で行われる定期テストは、基本的には「授業で学んだことをどれくらい覚えているか」を測るものです。出題する先生も「授業で教えたことをきちんと定着させてほしい」という趣旨でテストを作成しているケースが多いでしょう。出題範囲も、基本的には数か月間の学習内容なので、「毎日ノートをしっかりまとめる」「先生の作成したプリントをしっかり覚えておく」といったように真面目に勉強していれば、ある程度の成績は期待できます。

大学入試
とは…

膨大な知識と応用力が求められるもの。

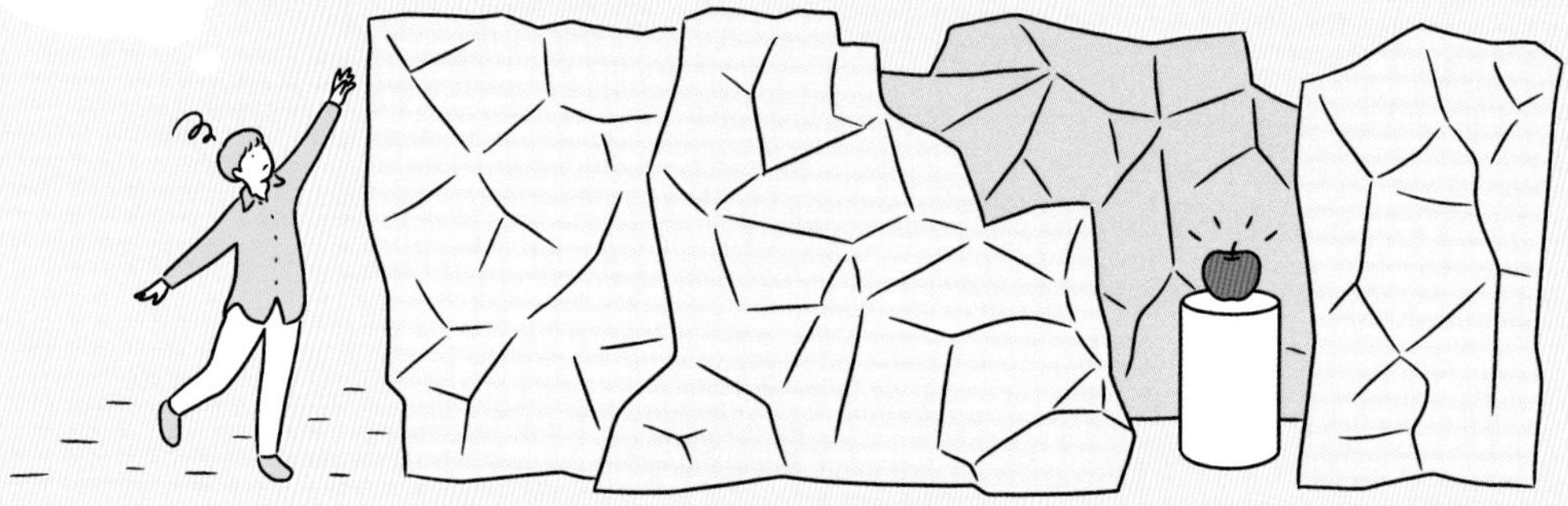

一方で大学入試は、出題範囲が高校３年間の学習内容のすべてであるうえに「入学者を選抜する」ための試験です。点数に差をつけるため、基本的な知識だけでなく、その知識を活かす力（応用力）も問われます。また、試験時間内に問題を解ききるための時間配分なども必要になります。定期テストとは試験の内容も問われる力も違うので、同じような対策では太刀打ちできず、受験勉強の「壁」を感じる人も多いのです。

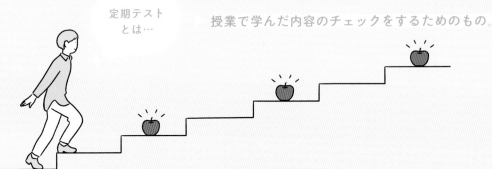

受験参考書の難しさ

定期テスト対策とは大きく異なる勉強が求められる受験勉強。出題範囲が膨大で、対策に充てられる時間も限られていることから、「真面目にコツコツ」だけでは挫折してしまう可能性があります。むしろ真面目に頑張る人に限って、空回りしてしまいがちです。その理由のひとつに、受験参考書を使いこなすことの難しさが挙げられます。多くの受験生が陥りがちな失敗として、以下のようなものがあります。

よくある失敗

1 参考書1冊をやりきることができない

本格的な受験参考書に挑戦してみると、解説が長かったり、問題量が多かったりして、挫折してしまう、1冊やりきれないままの本が何冊も手元にある……。
こんな状態になってしまう受験生は少なくありません。

よくある失敗

2 最初からつまずく

自分のレベルにぴったり合った参考書を選ぶのは難しいもの。
いきなり難しい参考書を手に取ってしまうと、まったく問題に歯が立たず、解説を見ても理解できず、の八方塞がりになってしまいがちです。

よくある失敗

3 学習内容が定着しないままになってしまう

1冊をとりあえずやりきっても、最初のほうの内容を忘れてしまっていたり、中途半端にしか理解できていなかったり……。
力が完全に身についたといえない状態で、
よりレベルの高い参考書に進んでも、うまくいきません。

ならばどうしたら
この失敗が防げるか
考えたのが…

ここからはじめるシリーズなら挫折しない！

前ページで説明したような失敗を防ぎ、これまでの定期テスト向けの勉強から受験勉強へとスムーズに移行できるように工夫したのが、「大学入試ここからはじめる」シリーズです。無理なく、1冊をしっかりとやりきれる設計なので、これから受験勉強をはじめようとする人の、「いちばんはじめの受験入門書」として最適です。

できるポイント 1

1冊全部やりきれる！

全テーマが、解説１ページ➡演習１ページの見開き構成になっています。
スモールステップで無理なく取り組むことができるので、
１冊を最後までやりきれます。

できるポイント 2

最初でつまずかない！

本格的な受験勉強をはじめるときにまず身につけておきたい、
基礎の基礎のテーマから解説しています。
ニガテな人でもつまずくことなく、受験勉強をスタートさせることができます。

できるポイント 3

学習内容がしっかり定着する！

１冊やり終えた後に、学習した内容が身についているかを
確認できる「修了判定模試」が付いています。
本書の内容を完璧にし、次のレベルの参考書にスムーズに進むことができます。

はじめに

これから入試現代文の対策を始めるみなさん、この本を手に取ってくださりありがとうございます。この本は「入試現代文の勉強をどこからはじめていいのかわからない」というみなさんのために作りました。

入試現代文は他の科目とは異なり、明確な単元がありません。そして、多くの受験生は塾や予備校のテキストに収録されている入試問題を解くことからはじめるのです。

それでは、現代文の勉強はいきなり入試問題を解くことからはじめてよいのでしょうか。もちろん、一部の優秀な人はいきなり入試問題を解くことができます。しかし、最初は入試問題に歯が立たないような人もかなりいます。

本書は一般的な参考書や問題集や塾予備校のテキストに収録されている入試問題には手も足も出ないような人を対象として、入試問題までの橋渡しができるように作られています。

入試演習に入るまでに勉強してほしいことは、まず「文法」です。中学の学習範囲である「文法」を、「読む」そして「書く」ときに意識できていない人がかなりいます。現代文が苦手な人はこの「文法」というルールにしたがって文章を「読み」、文を「書く」ことによって、現代文ができるようになります。例えば、「指示語」や「接続表現」はどの大学でも出題する可能性がある「文法」項目ですが、これらを正しく読むだけでもだいぶ文章が読めるようになります。

そして、文章には「レトリック（説得術）」というルールも存在します。「レトリック」とは、筆者が読者に伝えたいことを書くときに使うルールのことです。このルールを知ると、さらに文章が読めるようになります。

文章を読むための「文法」「レトリック」を単元ごとに構成した「ここからはじめる現代文ドリル」で学んでもらえたら、必ず入試問題を解くための力をつけることができます。

ここからはじめていきましょう。

柳生好之

もくじ

巻頭特集

Chapter 1

基本知識

Chapter 2
文の理解

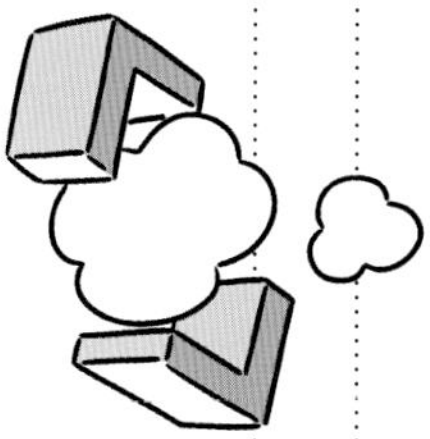

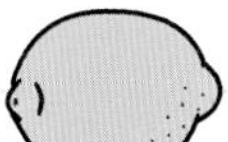

Chapter 3
文のつながり

Chapter 4
文章の読解

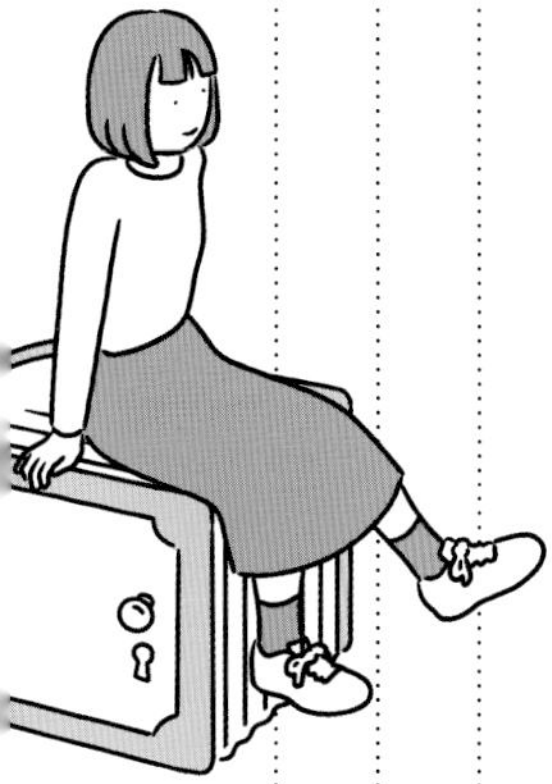

Chapter 5

心情の把握

別冊「解答解説」

別冊「修了判定模試」

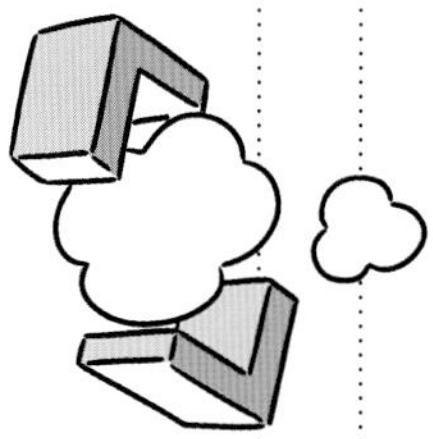

Chapter 2
文の理解

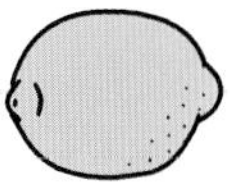

Chapter 3
文のつながり

Chapter 4
文章の読解

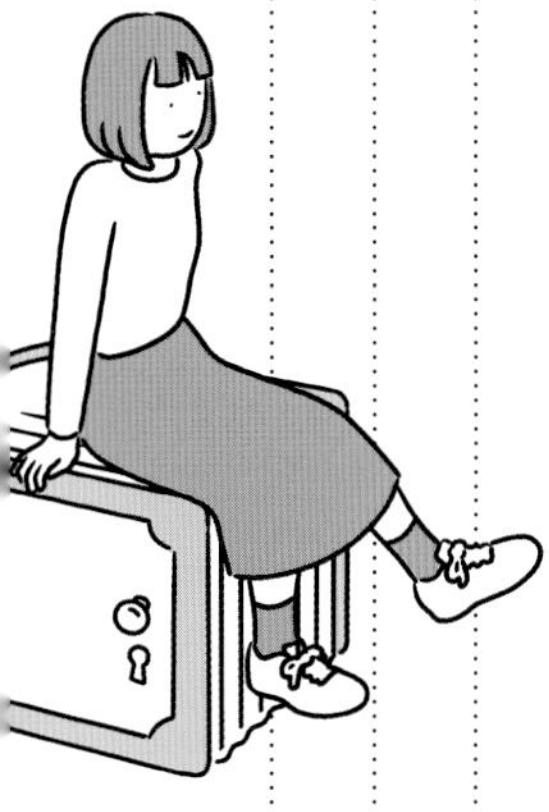

Chapter 5

心情の把握

本書の使い方

How to Use

解説を読んだら、書き込み式の演習ページへ。学んだ内容が身についているか、すぐに確認できます。

人気講師によるわかりやすい解説。ニガテな人でもしっかり理解できます。

超基礎レベルの知識から、順番に積み上げていける構成になっています。

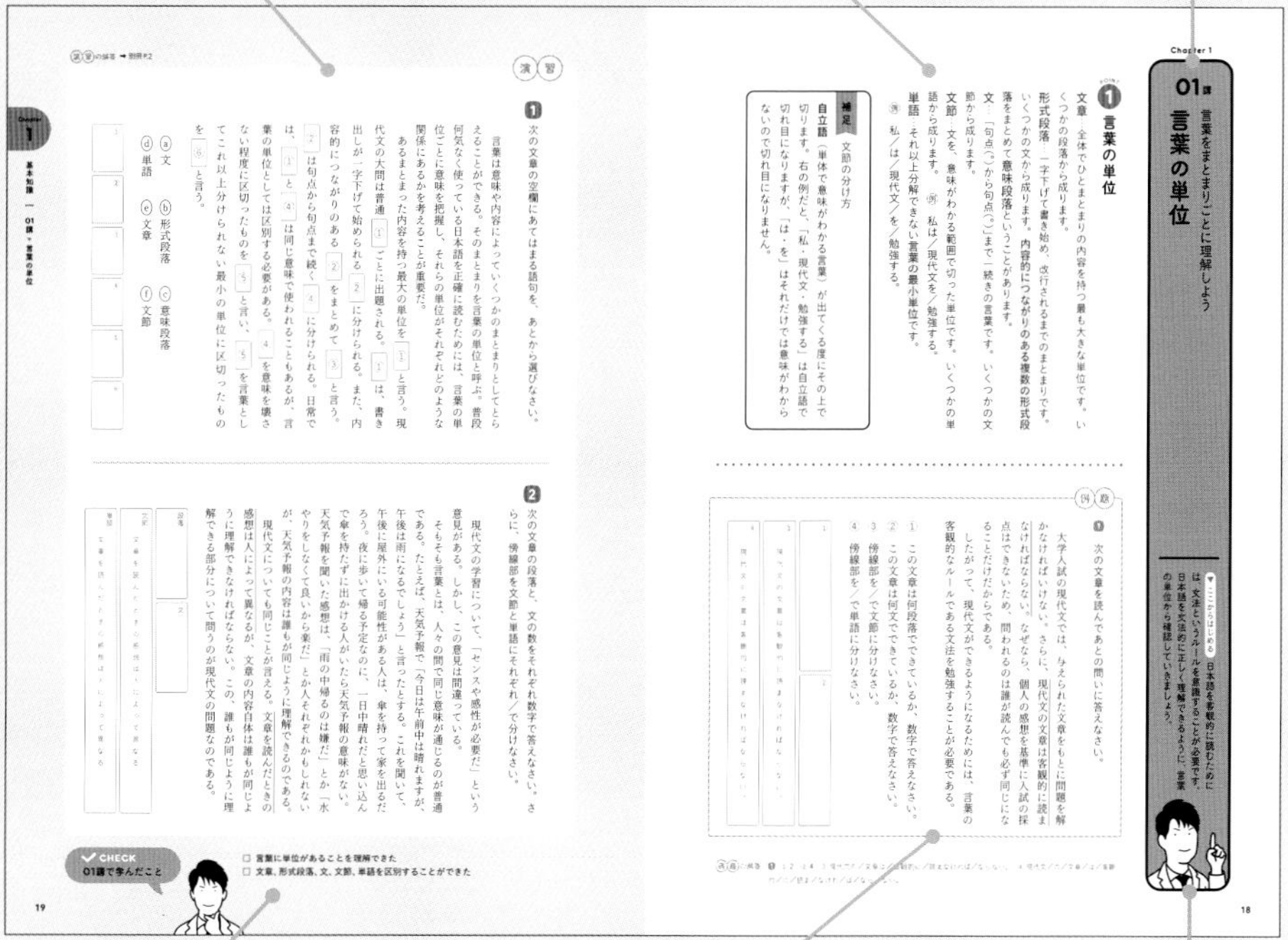

学んだ内容を最後におさらいできるチェックリスト付き。

例題を解くことで、より理解が深まります。

「▶ここからはじめる」をまず読んで、この講で学習する概要をチェックしましょう。

答え合わせがしやすい別冊「解答解説」付き。詳しい解説付きでさらに基礎力アップが狙えます。

すべての講をやり終えたら、「修了判定模試」で力試し。間違えた問題は ➡00講 のアイコンを参照し、該当する講に戻って復習しましょう。

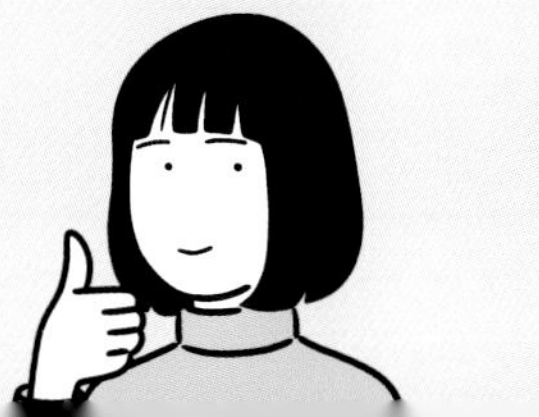

1　定期テストと大学入試現代文は全く別物です！「日本語だから大丈夫」は通用しません！

定期テストの現代文と入試現代文はまったくの別物

現代文の勉強というと、皆さんは何をイメージしますか？　皆さんと同じ高校生の頃の僕は、何を勉強したら良いかわからず、全く勉強していませんでした。もちろん定期テストも赤点ばっかりです。そこで、現代文の成績が良い友達に「どんな勉強をしているの？」と聞いてみました。その友達は「先生が授業中に黒板に書いたことをノートに写して、そのノートを丸暗記している」と答えました。定期テストは暗記ゲームだったのです。

ところが、その友達は模試になると全く現代文ができませんでした。それは模試の問題が**初めて見る文章**だったからです。現代文は学校の日常学習と入試対策が「まったく別物」なので、**早めに入試対策に入っておかないと、後になって手遅れになる**のです。

現代文の勉強をしないと、入試本番で悲惨な結末に!?

とはいえ、「現代文なんて、どうせ日本語でしょ？」と考える受験生が後を絶ちません。しかし、現代文は後回しという考え方をすると、入試の当日に後悔することになります。

試しにSNSなどで、先輩たちが入試でどれくらいの点数をとったのかを調べてみてください。真面目に勉強した先輩でも、**最も本番で失敗しがちな科目は「国語」**なのです。「現代文なんて、どうせ日本語でしょ？」という考え方から抜け出せないと、悲惨な結末を迎えることになってしまうでしょう。

入試本番で最も失敗しがちな科目の筆頭は、
実は「国語」！
早めの現代文対策で得点を安定させよう！

2　入試現代文の文章を正しく読むためには、「語彙」と「文法」の勉強をする必要がある！

言語には「日常レベル」と「学習レベル」がある

では、現代文はどのように対策をするべきだったのでしょうか？　実は、**「語彙」と「文法」を勉強するべき**だったのです。

このようにいうと「単語や文法なんてやらなくても」と答える受験生は多いです。確かに、皆さんは単語や文法を勉強せずに日本語を使っていますね。

実は言語には「日常レベル」と「学習レベル」があります。皆さんが普段使っているのは「日常レベル」の日本語ですが、**現代文の文章は「学習レベル」の日本語で書かれている**のです。そして、**「学習レベル」の日本語は「語彙」と「文法」がわかっていないと、読むことも書くこともできない**のです。

「学習レベル」の言語の鍛錬には「語彙」と「文法」が重要

たとえば、次の文を読んでみてください。

ところがどの国でも現在はこの関係が逆転して、幅を利かすのは理工系、物理数学系、そして医学薬学系といった企業と密接な関係を持つ、成果の目に見える学問であり、純文科系である哲学倫理学や歴史文学などは、ただちに成果が社会に目に見える形で還元できるものでないだけに、あまり意気が上がらないようです。

（鈴木孝夫『日本の感性が世界を変える　言語生態学的文明論』による）

一文がとても長いですが、**この長い文の意味を正確にとらえるために、どの部分がどの部分の説明をしているのかが「文法」的にわからないといけません。**

「学習レベル」の日本語文を読むためには
「語彙」と「文法」のトレーニングが必須！

3 「筆者が伝えたい内容」を正しく把握するために、筆者が駆使する「レトリック（説得術）」を見抜こう！

文章の「主張」を見抜くために「レトリック」を学ぶ

「語彙」と「文法」の勉強をして「学習レベル」の日本語文が読めるようになったとします。それでは入試問題の文章は読み解けるのでしょうか？　実はまだ壁があります。

入試問題で出題される文章は難しいだけでなく、とても分量が多いです。つまり、文章を整理して、どこが大事なことを言っている部分なのかが見抜けないと、「結局この文章って何が言いたいの？」ということになってしまうのです。

ほとんどの場合、筆者が伝えたいことはせいぜい一つか二つくらいです。その他の文章は、「伝えたいこと（主張）」を読者に納得してもらうために書かれた文でできているのです。その**「説得」のために筆者が使うテクニックが「レトリック（説得術）」**なのです。

「文法」と「レトリック」がわかってはじめて「要約」ができる

「文法」がわかると文の骨格（中心）と飾り（詳しい説明）がわかります。「レトリック」がわかると文章の「伝えたいこと（主張）」と「説得」がわかります。**それらがわかってはじめて、文章の一番大事なところをまとめた「要約」ができる**のです。

現代文の先生に「要約をしなさい」と言われても、「文章のどの部分が大事なのかわからない」という受験生はとても多いです。その悩みは「文法」と「レトリック」を勉強することで解決します。

現時点で「要約」ができない人は、無理に「要約」を続ける必要はありません。まずは「文法」と「レトリック」の勉強、ここからはじめましょう！

4　実際の入試現代文の問題も、「文法」と「レトリック」という客観的なルールにしたがって出題される！

一見「文法」「レトリック」とは関係なさそうな問題もそれらの理解を問うている

「文法」と「レトリック」がわかるようになったら、文章が読み解けるようになるのはもちろん、入試問題も解けるようになります。なぜなら、**現代文の入試問題は「文法」と「レトリック」という「客観的なルール」をもとにして作られている**からです。

皆さんは国語や文章読解というと「感想文」をイメージするかもしれません。学校教育の現場ではとても重要なことです。ところが、入試となると事情が違います。文章を読んでどのような感想を持つかなどは、人によって正解が違います。そのような部分に点数をつけて合否を決定することはできないのです。

ですから、**入試問題は人によって違うということがない「客観的なルール」にしたがって、正解が決まるようになっている**のです。

「文法」と「レトリック」ができたら「論理」へ

本書で「文法」と「レトリック」という客観的なルールを身につけたら、次は**「論理」というルールの学習**へと進みます。「論理」は日本語だけに限らず、「英語」「数学」など他の科目とも共通するルールです。

このようなルールを学んで、ルール通りに考えて新しいことを創造するのが、大学で行う学問なのです。**受験勉強や入試で求められているのは「ルールを知り、ルールを運用して、答えを導くこと」**です。

文章が読める、問題が解ける！
楽しい受験勉強への第一歩を、
ここからはじめましょう！

教えて！　柳生先生

Q

入試現代文の勉強として、「読書」は有効ですか？

現代文の成績アップや入試対策に「読書」は有効でしょうか？現代文の先生に「読書」を勧められました。また、現代文が得意な友人も、「現代文の対策は特にしていない。本を読んでいただけだ」と言っています。

A

現代文が苦手な人が「読書」で成績を上げようとしても、かえって遠回りです。

もちろん本は読まないよりは読んだ方が良いです。しかし、入試で出題される文章は「学習レベル」の日本語で書かれているので、**現代文が苦手な人は「語彙」や「文法」を勉強しないと挫折してしまいます**。かといって、特に勉強しなくても読めるようなライトノベルなどでは、効果はほとんどありません。「語彙」や「文法」の勉強からはじめましょう。

国語の先生や現代文が得意な人は、幼い頃から読書する習慣をつけています。また、特に対策をしていないというのも本当です。ですから、現代文対策として「読書」を勧めるのです。しかし、入試まで時間がないという現代文が苦手な人が真似をしようとしても、効果的ではありません。なぜなら、**「読書」によって力をつけようとすると、自分にとって適度な負荷のある本を選び、徐々に負荷を上げていく必要があるのですが、それには膨大な時間がかかるから**です。現代文だけならいざ知らず、他の教科の勉強もしなければいけない受験生にとっては、かなりハードルが高い勉強法だと言えます。

「語彙」「文法」と順番に勉強していき、現代文ができるようになってから、「読書」をすると良いでしょう。

教えて！　柳生先生

Q

入試現代文の勉強として、「要約」は有効ですか？

現代文の先生から文章の「要約」をするように勧められました。文章を読んで、要約文を書いて先生のところに持っていくと添削してくれます。これで現代文ができるようになりますか？

A

「要約」など、ひとりでできない勉強法には限界があります。ひとりでできる「文法」「レトリック」の勉強からはじめましょう。

「要約」は国語の先生が昔から勧める勉強法ですが、現代文が苦手な人がはじめからできるものではありません。というのも、**「文の骨格」や「筆者の主張」がとらえられてはじめて、文章の大事なところが見えてくるから**です。つまり、「要約」とは「現代文」の勉強法の中でも究極であり、最も難しいものなのです。「文法」や「レトリック」の知識がない状態で「要約」をしてもまともな要約文は書けません。ですから、先生の添削とセットになります。

しかし、先生に依存した勉強法には限界があります。その先生以上の実力をつけることはできないからです。また、そもそも頼れる先生が近くにいないという人にとって、「要約」は不可能な勉強法です。

元々現代文が苦手だった僕自身は「要約」をして現代文の力をつけたのではなく、地道に勉強をして現代文の力がついた結果、「要約」ができるようになったという実感があります。もちろん先生の添削などは一切受けていません。

まずはひとりでできる「文法」と「レトリック」の勉強からはじめましょう。

教えて！　柳生先生

Q

現代文の勉強は実際の入試問題を使わないといけないのでしょうか？

塾や予備校に通っている友人は、予習で実際の入試問題を解いています。授業ではその入試問題の読み方や解き方、文章の背景にある歴史や思想を解説してもらっているようです。現代文の勉強は実際の入試問題でないとできないのでしょうか？

A

現代文が苦手な人が、入試問題を解くのは至難の業。まずは基礎から学びましょう。

塾や予備校に通えない人にとっては、塾や予備校ではすごいことをやっているように見えますよね。その気持ちはわかります。確かに、塾や予備校の生徒は「ひとりではできないけど、先生と一緒に考えると難しい問題もわかるし、できる」と言います。しかし、これって本人の力とは言えないですよね。

僕自身も若いときは授業で生徒に質問しながら答えに導くことで、生徒をわかった気持ちにさせていました。もちろん、全く意味がないとは言いませんが、**入試は自分ひとりで受けるもの**なのです。ですから、**最終的にはひとりでできないと意味がありません。**

いきなり入試問題が解ければそれで良いのですが、全く歯が立たない場合は基礎から勉強するのが良いでしょう。「語彙」「文法」「レトリック」といった基礎は、塾や予備校に通わなくても独力で勉強できます（むしろ、塾や予備校ではこの辺りはわかっている前提で、全く説明してくれなかったりします）。**入試問題を解くのは基礎を一通り学んだ後でも十分に間に合います**から、焦る必要はありません。**基礎を大事にしましょう。**

KOKOKARA DRILL SERIES

大学入試

HAJIMERU

柳生の ここから はじめる 現代文 ドリル

スタディサプリ
柳生好之

01講 言葉の単位

言葉をまとまりごとに理解しよう

▼ここからはじめる　日本語を客観的に読むためには、文法というルールを意識することが必要です。日本語を文法的に正しく理解できるように、言葉の単位から確認していきましょう。

POINT 1 言葉の単位

文章…全体でひとまとまりの内容を持つ最も大きな単位です。いくつかの段落から成ります。

形式段落…一字下げて書き始め、改行されるまでのまとまりです。いくつかの文から成ります。内容的につながりのある複数の形式段落をまとめて**意味段落**ということがあります。

文…「句点(。)から句点(。)」まで一続きの言葉です。いくつかの文節から成ります。

文節…文を、意味がわかる範囲で切った単位です。いくつかの単語から成ります。例　私は／現代文を／勉強する。

単語…それ以上分解できない言葉の最小単位です。

例　私／は／現代文／を／勉強する。

補足　文節の分け方

自立語（単体で意味がわかる言葉）が出てくる度にその上で切ります。右の例だと、「私・現代文・勉強する」は自立語で切れ目になりますが、「は・を」はそれだけでは意味がわからないので切れ目になりません。

例題

1 次の文章を読んであとの問いに答えなさい。

大学入試の現代文では、与えられた文章をもとに問題を解かなければいけない。さらに、現代文の文章は客観的に読まなければならない。なぜなら、個人の感想を基準に入試の採点はできないため、問われるのは誰が読んでも必ず同じになることだけだからである。

したがって、現代文ができるようになるためには、言葉の客観的なルールである文法を勉強することが必要である。

① この文章は何段落でできているか、数字で答えなさい。
② この文章は何文でできているか、数字で答えなさい。
③ 傍線部を／で文節に分けなさい。
④ 傍線部を／で単語に分けなさい。

①

②

③ 現代文の文章は客観的に読まなければならない。

④ 現代文の文章は客観的に読まなければならない。

例題の解答　**1**　①2　②4　③現代文の／文章は／客観的に／読まなければ／ならない。　④現代文／の／文章／は／客観的／に／読ま／なけれ／ば／なら／ない。

演習の解答 ➡ 別冊P.2

演習

1 次の文章の空欄にあてはまる語句を、あとから選びなさい。

言葉は意味や内容によっていくつかのまとまりとしてとらえることができる。そのまとまりを言葉の単位と呼ぶ。普段何気なく使っている日本語を正確に読むためには、言葉の単位ごとに意味を把握し、それらの単位がそれぞれどのような関係にあるかを考えることが重要だ。

あるまとまった内容を持つ最大の単位を［①］と言う。現代文の大問は普通［①］ごとに出題される。［①］は、書き出しが一字下げて始められる［②］に分けられる。また、内容的につながりのある［②］をまとめて［③］と言う。［②］は句点から句点まで続く［④］に分けられる。日常では、［①］と［④］は同じ意味で使われることもあるが、言葉の単位としては区別する必要がある。［④］を意味を壊さない程度に区切ったものを［⑤］と言い、［⑤］を言葉としてこれ以上分けられない最小の単位に区切ったものを［⑥］と言う。

ⓐ 文　ⓑ 形式段落　ⓒ 意味段落
ⓓ 単語　ⓔ 文章　ⓕ 文節

①	②	③	④	⑤	⑥

2 次の文章の段落と、文の数をそれぞれ数字で答えなさい。さらに、傍線部を文節と単語にそれぞれ／で分けなさい。

現代文の学習について、「センスや感性が必要だ」という意見がある。しかし、この意見は間違っている。

そもそも言葉とは、人々の間で同じ意味が通じるのが普通である。たとえば、天気予報で「今日は午前中は晴れますが、午後は雨になるでしょう」と言ったとする。これを聞いて、午後に屋外にいる可能性がある人は、傘を持って家を出るだろう。夜に歩いて帰る予定なのに、一日中晴れだと思い込んで傘を持たずに出かける人がいたら天気予報の意味がない。天気予報を聞いた感想は、「雨の中帰るのは嫌だ」とか「水やりをしなくて良いから楽だ」とか人それぞれかもしれないが、天気予報の内容は誰もが同じように理解できるのである。

現代文についても同じことが言える。文章を読んだときの感想は人によって異なるが、文章の内容自体は誰もが同じように理解できなければならない。この、誰もが同じように理解できる部分について問うのが現代文の問題なのである。

段落	
文	
文節	文章を読んだときの感想は人によって異なる
単語	文章を読んだときの感想は人によって異なる

✔ CHECK 01講で学んだこと

□ 言葉に単位があることを理解できた
□ 文章、形式段落、文、文節、単語を区別することができた

02講 単語の種類1（自立語）

単語のキャラを理解しよう

▼ここからはじめる　人間と同じように、言葉にも「キャラ」があり、文の中で果たす役割に違いがあります。まずは、最も小さい言葉の単位である、単語の「キャラ」を確認していきましょう。

POINT 1 品詞――単語の種類

品詞とは「**単語をその形や働きに応じて分けた種類**」のことです。

例　自立語　付属語　名詞　動詞　形容詞　助詞　など

POINT 2 自立語――それだけで意味がわかる単語

日本語の単語は、大きく**自立語**と**付属語**の二つに分けられます。**自立語**は、「プリン」「食べる」「おいしい」など、単体で意味が理解できる単語のことです。名詞・動詞・形容詞・形容動詞・副詞などがあります。それだけでも文節を作ることができます。

POINT 3 名詞――物事の名前を表す単語

例　猫　私　日本

POINT 4 動詞――物事の動作や存在を表す単語

例　行く　見る　ある　いる

POINT 5 形容詞・形容動詞――物事の状態や性質を表す単語

例　甘い　熱い　静かだ　きれいだ

POINT 6 副詞――動作や状態を詳しく説明する言葉

例　とても　もっと　決して

補足　形容詞と形容動詞

中学校では、物事の状態や性質を表す単語を、活用の形に応じて形容詞と形容動詞に分けて教わります。しかし、働きの面では同じなので、読むときには気にしなくても大丈夫です。

例題

1　次の単語の品詞を、あとから選びなさい。

①走る　②喋《しゃべ》る　③夢　④急いで
⑤インコ　⑥新しい　⑦寝る　⑧ずっと
⑨珍しい　⑩正確に

ⓐ名詞　ⓑ動詞　ⓒ形容詞・形容動詞　ⓓ副詞

①	②	③	④
⑤	⑥	⑦	⑧
⑨	⑩		

例題の解答　**1**　①ⓑ　②ⓑ　③ⓐ　④ⓓ　⑤ⓐ　⑥ⓒ　⑦ⓑ　⑧ⓓ　⑨ⓒ　⑩ⓓ

演習

1 次の文章の空欄にあてはまる語句を、あとから選びなさい。

単語はその形や働きに応じていくつかの［①］に分類される。日本語の単語は、単体で意味がわかる［②］とそれ以外の付属語の二つにまず分けることができる。

中学校では、自立語は八種類あると教わるが、その中でも以下の四つが特に重要である。物事の名前を表す単語を［③］と呼ぶ。たとえば、［④］は［③］である。物事の動作や存在を表す単語を［⑤］と呼ぶ。たとえば、［⑥］は［⑤］である。物事の状態や性質を表す単語を［⑦］と呼ぶ。たとえば、［⑧］は［⑦］である。動作や状態を詳しく説明する単語を［⑨］と呼ぶ。たとえば、［⑩］は［⑨］である。

ⓐ 動詞　ⓑ 名詞　ⓒ 品詞　ⓓ 副詞
ⓔ 形容詞・形容動詞　ⓕ 自立語　ⓖ 遊ぶ
ⓗ 青い　ⓘ 簡単に　ⓙ 顔

①	②	③	④
⑤	⑥	⑦	⑧
⑨	⑩		

2 次の単語の品詞を、あとから選びなさい。

① 早急に　② 自由　③ 平等　④ 議論する
⑤ 精緻な　⑥ 頻繁に　⑦ 非常に　⑧ 政治
⑨ 検討する　⑩ 曖昧な　⑪ 社会　⑫ 発電所
⑬ 疑う　⑭ 激しく　⑮ 殴打する　⑯ アメリカ
⑰ 実験　⑱ 詳細な　⑲ 愚かな　⑳ 関連する

ⓐ 名詞　ⓑ 動詞　ⓒ 形容詞・形容動詞
ⓓ 副詞

①	②	③	④
⑤	⑥	⑦	⑧
⑨	⑩	⑪	⑫
⑬	⑭	⑮	⑯
⑰	⑱	⑲	⑳

✔ CHECK 02講で学んだこと

□ 単語に種類があることを理解できた
□ 名詞、動詞、形容詞・形容動詞、副詞が判別できるようになった

03講 単語のキャラを理解しよう
単語の種類②（付属語）

▼ここからはじめる 付属語は単語としても短く、おまけのようなものだと思われがちですが、他の単語の文中での働きを決めたり、文のニュアンスを左右したりする重要な品詞です。

POINT 1 付属語――必ず自立語と一緒に使われる言葉

付属語は「は」「が」「を」「れる」「らしい」「です」など、それだけでは意味がわからない言葉のことです。**付属語**だけで文節を作ることはできず、必ず自立語と一緒に使われます。

POINT 2 助詞――活用しない付属語

助詞は活用しない（形が変わらない）付属語のことです。さらに分けると、格助詞・接続助詞・副助詞・終助詞の四種類があります。

例　は　に　ので　ば　ながら　も　こそ　だけ　さ　よ

POINT 3 助動詞――活用する付属語

助動詞は活用する（下に続く言葉によって語尾の形が変わる）付属語のことです。例　れる　させる　たい　そうだ　ようだ

補足　助詞と助動詞

現代文読解のためには、とりあえず「意味」がわかればよいので、どの単語が助詞で、どの単語が助動詞かは、最初は気にしなくても大丈夫です。

補足　活用する

下に続く言葉によって語尾の形が変わることを**活用する**と言います。日本語では、動詞、形容詞・形容動詞、助動詞が活用する品詞です。

例
聞く＋れる＝聞かれる　聞く＋て＝聞いて
聞く＋ます＝聞きます　聞く＋う＝聞こう
聞く＋れる＋ない＝聞かれない
聞く＋れる＋て＝聞かれて
聞く＋れる＋とき＝聞かれるとき
聞く＋れる＋ば＝聞かれれば

例題

1 付属語を、次の中からすべて選びなさい。

ⓐ朝　ⓑらしい　ⓒの　ⓓ急に　ⓔまい　ⓕより
ⓖ歌う　ⓗ長い　ⓘだ　ⓙながら　ⓚ世界
ⓛけれど　ⓜのに　ⓝすっかり　ⓞくらい　ⓟと
ⓠおそらく　ⓡ眠い　ⓢずつ　ⓣ飲む

例題の解答　**1**　ⓑⓒⓔⓕⓘⓙⓛⓜⓞⓟⓢ
（ⓐⓚ…名詞　ⓖⓣ…動詞　ⓗⓡ…形容詞　ⓓⓝⓠ…副詞）

演習の解答 ➡ 別冊P.5

演習

1 次の文章の空欄にあてはまる語句を、あとから選びなさい。

単語はその形や働きに応じていくつかの［①］に分類される。日本語の単語は、単体で意味がわかる自立語とそれ以外の［②］の二つにまず分けることができる。

［②］は活用するかどうかによって二つに分けられる。活用するとは、下に続く言葉に応じて語尾が［③］ことである。活用しない［②］を［④］と呼ぶ。たとえば、［⑤］は［④］である。活用する［②］を［⑥］と呼ぶ。たとえば、［⑦］は［⑥］である。

ⓐ 付属語　ⓑ「は、が、を」　ⓒ 助動詞
ⓓ「だ、である、ようだ」　ⓔ 助詞
ⓕ 品詞　ⓖ 変化する

①	②	③	④

⑤	⑥	⑦

2 次の文を／で単語に分け、付属語に傍線を引きなさい。

例 僕／は／カフェラテ／を／飲む。

① 納税は国民の義務だ。
② 今度こそ、実験に成功したい。
③ 近代は、科学に大きな進歩が見られた。
④ 研究者によれば、教育格差が広がっているそうだ。
⑤ 雇用を確保すると言いながら、非正規労働者を増やす。
⑥ 先進国だけが、文明の恩恵を受けているらしい。
⑦「先生は明日来ます」と彼は言った。
⑧ 体調が良くならないので、子どもに果物を食べさせる。
⑨ 政治も経済も停滞しているように思われる。
⑩ キュリー夫人は、ラジウムとポロニウムを発見した。

✔ CHECK 03講で学んだこと

□ 自立語と付属語を区別できるようになった
□「活用する」とはどういうことかを理解できた

04講 名詞

物事の名前を表す単語

▼ここからはじめる　それぞれの品詞をより細かく見ていきます。最初に扱う名詞は、「誰／何が、誰／何に、誰／何を」などの「誰／何」になる品詞で、文章の内容に大きくかかわります。

POINT 1 名詞の特徴―主語になれる

名詞は、「が」「は」などの**助詞**が付くと**主語**（**誰／何が**　**にあたる文節**）になることができます。文の最初の方にある「が」「は」が付いた名詞は主語だと思うと良いです。詳しくは、**15講**「文節相互の関係1」で説明します。

POINT 2 名詞の種類

1 普通名詞

一般的な物事を表す名詞を**普通名詞**と呼びます。

例　椅子　魚　社会　自由　平等

2 固有名詞

人や土地の名前のように、一つしかないものを表す名詞を**固有名詞**と呼びます。

例　織田信長　東京　東京スカイツリー　清水寺

3 数詞

ものの数、量、順番を表す名詞を**数詞**と呼びます。

例　一個　三人　五番目　七歳　いくつ

4 代名詞

人や物事の代わりに使われる指示語を**代名詞**と呼びます。

例　私　僕　君　彼　彼女　これ　あれ　どれ

補足　複合名詞

複数の名詞が合わさって一つの名詞となったものを**複合名詞**と呼びます。

例　日本政府（日本＋政府）
第一回定期試験（第一回＋定期＋試験）

例題

1 次の単語の中から名詞をすべて選びなさい。

ⓐ 猫　ⓑ 一気に　ⓒ 十分な
ⓓ が　ⓔ オリンピック　ⓕ 議論する
ⓖ 十五歳　ⓗ 彼　ⓘ です
ⓙ 観測する　ⓚ これ　ⓛ ニューヨーク

例題の解答　**1** ⓐ ⓔ ⓖ ⓗ ⓚ ⓛ
（ⓕ ⓙ…動詞　ⓒ…形容詞　ⓑ…副詞　ⓓ…助詞　ⓘ…助動詞）

演習

1 次の文章の空欄にあてはまる語句を、あとから選びなさい。

自立語のうち、物事の名前を表す単語を［①］と呼ぶ。［①］は活用せず、「が」や「は」などの助詞を伴って［②］になることができる。

［①］は四種類に分類できる。一般的な物事を表す名詞を［③］と呼ぶ。たとえば、「生徒」は［③］である。人や土地の名前など、一つしかないものを表す名詞を［④］と呼ぶ。たとえば、「北海道」は［④］である。ものの数、量、順番を表す名詞を［⑤］と呼ぶ。たとえば、「六冊」は［⑤］である。人や物事の代わりに使われる指示語を［⑥］と呼ぶ。たとえば、「あなた」は［⑥］である。また、複数の名詞が集まって一つの名詞を作ることがある。これを［⑦］と呼ぶ。たとえば、「国語辞典」は［⑦］である。

ⓐ 複合名詞　ⓑ 数詞　ⓒ 代名詞　ⓓ 主語
ⓔ 普通名詞　ⓕ 固有名詞　ⓖ 名詞

① ［　］ ② ［　］ ③ ［　］ ④ ［　］
⑤ ［　］ ⑥ ［　］ ⑦ ［　］

2 次の文を／で単語に分け、名詞に傍線を引きなさい。

例 私／は／サッカー／が／好き／だ。

① 彼は書道の大家だ。

② 宗教は大衆を結束させる装置として使われる。

③ シェイクスピアの悲劇を鑑賞する。

④ 世界の人口は約八十億人と言われている。

⑤ 日本型資本主義の特徴は終身雇用と年功序列である。

⑥ 隣国の紛争は、我々にとっても他人事ではない。

⑦ アメリカの初代大統領はワシントンだ。

⑧ 新宿駅から渋谷駅までは電車で五分だ。

⑨ 「彼女と仲違《たが》いした。」と彼は言った。

⑩ メディアの政権に対するスタンスは民主主義にとって重要だ。

✔ CHECK
04講で学んだこと

□ どのような単語が名詞なのか理解できた
□ 文の中の名詞を指摘できるようになった

05講 動詞

物事の動作や存在を表す

▼ここからはじめる 動詞は、「何／誰が、～する／だ」の「～する／だ」の部分になる品詞です。文が何を言っているのかはこの部分で最終的に決まるので、動詞を理解することは非常に重要です。

POINT 1 動詞の特徴

1 述語になれる

動詞は、単体で、もしくは他の助詞・助動詞を伴って**述語**（**～する／～だ、などにあたる文節**）になることができます。文の最後の方にある動詞は述語だと思うと良いです。詳しくは、**15講**「文節相互の関係[1]」で説明します。

2 活用する

動詞は、下に続く言葉に応じて、**未然形・連用形・終止形・連体形・仮定形・命令形**の六つの形に変化します。

POINT 2 活用の種類

動詞の活用の仕方は単語によって違いがあり、**五段活用・上一段活用・下一段活用・サ行変格活用・カ行変格活用**の五種類に分けられます。

補足 動詞の活用表について

活用表を必死に暗記する必要はありません。連用形は動詞、形容詞、形容動詞（用言）を前から説明する形、連体形は名詞（体言）を前から説明する形など、活用形の機能の方が重要です。

語	語幹	活用の種類	未然形	連用形	終止形	連体形	仮定形	命令形
歩く	歩	五段活用	歩か 歩こ	歩き 歩い	歩く	歩く	歩け	歩け
起きる	起	上一段活用	起き	起き	起きる	起きる	起きれ	起きろ 起きよ
受ける	受	下一段活用	受け	受け	受ける	受ける	受けれ	受けろ 受けよ
する	○	サ行変格活用	し さ せ	し	する	する	すれ	しろ せよ
来る	○	カ行変格活用	こ	き	くる	くる	くれ	こい
主な用法			ナイ・ウに連なる	マス・タに連なる	言い切る	名詞に連なる	バに連なる	命令して言い切る

例題

1 次の単語の中から動詞をすべて選びなさい。

ⓐ科学 ⓑ明るい ⓒ暴く ⓓ見る ⓔ考える ⓕの ⓖようだ ⓗ喋る ⓘから ⓙペリー ⓚ我々 ⓛ早急に ⓜれる ⓝ借りる ⓞ捨てる ⓟ三枚

例題の解答 **1** ⓒ ⓓ ⓔ ⓗ ⓝ ⓞ
（ⓐ ⓙ ⓚ ⓟ…名詞 ⓑ…形容詞 ⓛ…副詞 ⓕ ⓘ…助詞 ⓖ ⓜ…助動詞）

演習

1 次の文章の空欄にあてはまる語句を、あとから選びなさい。

［①］のうち、物事の動作や存在を表す単語を［②］と呼ぶ。［②］は活用し、単体や他の助詞・助動詞を伴って［③］になることができる。［③］は、「誰／何が、～する／だ」の「～する／だ」の部分のことで、「誰／何が」の部分は［④］と呼ばれる。

ⓐ 動詞　ⓑ 主語　ⓒ 述語　ⓓ 自立語

① ［　　］　② ［　　］　③ ［　　］　④ ［　　］

2 次の単語の中から動詞をすべて選びなさい。

ⓐ 後悔する　ⓑ 世間　ⓒ 企業　ⓓ せる
ⓔ 顔　ⓕ 探索する　ⓖ 模倣　ⓗ と
ⓘ 寛容な　ⓙ 柔和な　ⓚ 競争　ⓛ 穏便に
ⓜ 切る　ⓝ です　ⓞ 寝る　ⓟ は
ⓠ 性格　ⓡ 埋める　ⓢ 心情　ⓣ 飽きる

［　　］

3 次の文を／で単語に分け、動詞に傍線を引きなさい。

例 友達／と／待ち合わせ／を／する。

① 企業は他の企業と競争する。
② 登場人物の心情を推測する。
③ 演説が面白かった政治家に投票する。
④ 人間はサルから進化したと言われる。
⑤ 医学の発展の恩恵を受けて、平均寿命が伸びる。
⑥ 海外のベストセラーを翻訳し、日本で売る。
⑦ 首相は、国連の会議に参加するようだ。
⑧ 「今回の判決には異議があります。」と弁護士が言う。
⑨ 地面のプレートとプレートがぶつかる所で地震が発生する。
⑩ 次のテストでは良い点を取って友達に自慢したい。

✔ CHECK 05講で学んだこと

□ どのような単語が動詞なのか理解できた
□ 文の中の動詞を指摘できるようになった

06講 物事の状態や性質を表す単語 形容詞・形容動詞

▼ここからはじめる 形容詞・形容動詞は、名詞を詳しく説明する品詞で、動詞と同様、述語(「誰／何が、～する／だ」の「～する／だ」の部分)になれるので、文の意味を理解するために重要です。

POINT 1 形容詞・形容動詞の特徴―述語になれる

形容詞・形容動詞は、**述語**(「誰／何が、～する／だ」の「～する／だ」の部分)になることができます。文の最後の方にある形容詞・形容動詞は述語だと思うと良いです。詳しくは、**15講**「文節相互の関係[1]」で説明します。

POINT 2 言い切り(終止形)が「い」で終わる形容詞

(例) 暑い　寒い　楽しい　悲しい

POINT 3 言い切り(終止形)が「だ」で終わる形容動詞

(例) 静かだ　元気だ　きれいだ　複雑だ

語	語幹	未然形	連用形	終止形	連体形	仮定形	命令形
暑い	暑	暑かろ	暑かっ 暑く	暑い	暑い	暑けれ	○
静かだ	静か	静かだろ	静かだっ 静かで 静かに	静かだ	静かな	静かなら	○
主な用法		ウに連なる	タ・ナイ・ナルに連なる	言い切る	トキに連なる	バに連なる	

補足 修飾する

ある言葉が他の言葉を詳しく説明することを**修飾する**と呼び、修飾している言葉を**修飾語**と呼びます。

(例) 形容詞は名詞を修飾する修飾語である。

形容詞・形容動詞は、名詞の前に連体形で直接付いて、その名詞を**修飾する**ことができます。

(例) 広い庭(「広い」の連体形「広い」が「庭」を修飾)

例題

1 次の単語の中から形容詞・形容動詞をすべて選びなさい。

(a) 犬　(b) 嬉しい　(c) のんびりと　(d) 美しい
(e) 選ぶ　(f) で　(g) 本棚　(h) 教科書
(i) 歌う　(j) らしい　(k) 北海道　(l) の
(m) 一人　(n) 待つ　(o) にぎやかだ　(p) 走る
(q) れる　(r) かわいい　(s) はっきりと　(t) 強い

例題の解答 **1** (b)(d)(o)(r)(t)
((a)(g)(h)(k)(m)…名詞　(e)(i)(n)(p)…動詞　(c)(s)…副詞　(f)(l)…助詞　(j)(q)…助動詞)

演習の解答 ➡ 別冊P.9

演習

1 次の文章の空欄にあてはまる語句を、あとから選びなさい。

［①］のうち、物事の状態や性質を表す単語を［②］、［③］と呼ぶ。［②］、［③］は活用し、単体で用いられたり他の助詞・助動詞を伴って［④］になることができる。［④］は、「誰／何が、～する／だ」の「～する／だ」の部分のことで、「誰／何が」の部分は［⑤］と呼ばれる。［②］と［③］は、活用が異なり、［②］は言い切りが「い」、［③］は言い切りが「だ」で終わる。

ある言葉が他の言葉を詳しく説明することを［⑥］すると呼び、［⑥］している言葉を［⑦］と呼ぶ。たとえば、「美しい花」と言った時の「美しい」は「花」を［⑥］する［⑦］である。

ⓐ 形容詞　ⓑ 形容動詞　ⓒ 修飾　ⓓ 述語　ⓔ 主語
ⓕ 修飾語　ⓖ 自立語

① ［　］　② ［　］　③ ［　］　④ ［　］
⑤ ［　］　⑥ ［　］　⑦ ［　］

2 次の文を／で単語に分け、形容詞・形容動詞に傍線を引きなさい。

例 昨日／の／映画／は／美しかっ／た。

① 危険な兵器を開発する。
② インターネットを通じて多大な情報を得る。
③ 急速な経済成長は、様々な問題を引き起こす。
④ 異質な文化を理解するためには、実際に見ることが重要だ。
⑤ 大規模な植民活動は住民の生活に多大な影響を与える。
⑥ 龍安寺は美しい庭園で有名だ。
⑦ ノーベル賞の受賞者は、みな優秀だ。
⑧ 気温が低く、水は冷たい。
⑨ 巨大な津波によって、街は甚大な被害を受けた。
⑩ 美しい地球を守るためには、多様な努力が必要だ。

✔ CHECK 06講で学んだこと

□ どのような単語が形容詞・形容動詞なのか理解できた
□ 文の中の形容詞・形容動詞を指摘できるようになった
□ 修飾とは何かを理解できた

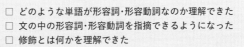

07講 助詞1（格助詞）

名詞の文中での役割を示す

▼ここからはじめる 助詞のなかでも特に格助詞を扱います。格助詞は名詞の文の中での役割を表すので、格助詞を理解すると、名詞が主語なのか修飾語なのかを判断できるようになります。

POINT 1 格助詞──名詞の文中での役割を示す

格助詞は、主に名詞の後に付いて、一つの文節を作ります。さらに、その文節が文の中で他の文節に対して果たしている役割を示します。

例 私が、／現代文の／参考書を／勉強する。

右の例文は文節で区切られています。「が」は、「勉強する」という文節に対して、「私が」が**主語**であることを示しており、「の」は「参考書を」に対する**連体修飾語**であることを示しており、「を」は、「勉強する」に対して「参考書を」が**連用修飾語**であることを示します。

補足 **連体修飾語と連用修飾語**

名詞を修飾する（詳しく説明する）言葉を**連体修飾語**、名詞以外の言葉を修飾する言葉を**連用修飾語**と呼びます。

POINT 2 格助詞の種類──五種類

1. **主語を示すもの**…が、の
2. **連用修飾語を示すもの**…を、に、へ、と、で、から、より
3. **連体修飾語を示すもの**…の
4. **名詞化（文を名詞にする）を示すもの**…の
5. **並列を示すもの**…と、や、の、に

例題

1 次の傍線部の助詞の種類を、あとから選びなさい。

(1) 私が①、夢を②語る。
(2) 友達より③早く学校に行く。
(3) 池袋と新宿へ④向かうと言う。
(4) 金や⑤銀の装飾が付いているの⑥は美しい。
(5) 彼の⑦母親から届いた手紙を⑧カッターで⑨切る。

ⓐ 主語を示すもの
ⓑ 連用修飾語を示すもの
ⓒ 連体修飾語を示すもの
ⓓ 名詞化を示すもの
ⓔ 並列を示すもの

①	②	③
④	⑤	⑥
⑦	⑧	⑨

例題の解答 **1** ①ⓐ ②ⓑ ③ⓑ ④ⓑ ⑤ⓔ ⑥ⓓ ⑦ⓒ ⑧ⓑ ⑨ⓑ

演習

1

次の文章の空欄にあてはまる語句を、あとから選びなさい。

[①]のうち、名詞の文中での役割を示すものを[②]と呼ぶ。[②]は主に名詞の後に付き、一つの[③]を作る。そしてその[③]が他の[③]に対して果たしている役割を示す。[②]は五種類ある。「が、の」は[④]を示すものである。修飾語を示す[②]のうち、「の」は名詞を修飾する[⑤]を、「を、に、へ」などは名詞以外の言葉を修飾する[⑥]を示すものである。「と、や、の、に」は[⑦]を示すものである。また、「の」は[⑧]を示すものでもあり、文を一つの名詞にして他の文に埋め込む働きをする。

ⓐ 名詞化　ⓑ 文節　ⓒ 連体修飾語　ⓓ 並列
ⓔ 連用修飾語　ⓕ 格助詞　ⓖ 助詞　ⓗ 主語

① [　　] ② [　　] ③ [　　] ④ [　　]
⑤ [　　] ⑥ [　　] ⑦ [　　] ⑧ [　　]

2

次の傍線部の助詞の種類を、あとから選びなさい。

(1) 専門家が①地球温暖化の影響を②指摘する。
(2) 水力や③風力は再生可能エネルギーの代表例だ。
(3) 貧困問題が④解決へ⑤向かう。
(4) 異文化を尊重するの⑥は重要だ。
(5) 石油は原油から⑦精製される。
(6) 花火は金属の⑧炎色反応を利用している。
(7) リスクを⑨取るより⑩ほかはない。

ⓐ 主語を示すもの　ⓑ 連用修飾語を示すもの
ⓒ 連体修飾語を示すもの　ⓓ 名詞化を示すもの
ⓔ 並列を示すもの

① [　　] ② [　　] ③ [　　] ④ [　　]
⑤ [　　] ⑥ [　　] ⑦ [　　] ⑧ [　　]
⑨ [　　] ⑩ [　　]

✔ CHECK 07講で学んだこと

□ 文の中の格助詞を指摘できるようになった
□ 文の中の格助詞の種類を判別できるようになった

08講 論理関係を示す 助詞②（接続助詞）

▼ここからはじめる 接続助詞は、接続詞と同様に文章の論理関係を示すのに使われるため、読解上とても重要です。数は多いですが、機能の種類は少ないので、整理して覚えておきましょう。

POINT 1 接続助詞――前後の論理関係を示す

接続助詞は、その前後の論理関係を示します。論理関係には主に**順接・逆接・並列**の三つがあります。

例
- 暑いので、扇風機を回す。 順接
- 手紙を出したが、返事がない。 逆接
- 飛んだり跳ねたりしている。 並列

1 順接の接続助詞（前後に原因と結果の関係がある）
ば、と、て、ので、から

2 逆接の接続助詞（前後が反対の関係になっている）
が、けれど、のに、ながら、つつ、ものの、けれども

3 並列の接続助詞（前後に原因と結果の関係がない）
ば、て、し、たり

補足 補助の接続助詞
接続助詞の「**て**」には**補助**の意味があり、二つの動詞をつなげることができます。
例 勉強してみたら、点数が上がった。

例題

1 次の傍線部の接続助詞の働きを、あとから選びなさい。

① イヤホンを付けたが、それでも外がうるさい。
② 梅雨に入れば、雨が多くなる。
③ 雨が降ってきたので、傘を差した。
④ ドーナツは丸くて穴が開いている。
⑤ 成績が悪いけれど、勉強はしない。
⑥ お腹がすいたから、昼食をとる。
⑦ 体に良くないと知りつつ、暴飲暴食する。
⑧ 暑くもないし、寒くもない。
⑨ やってはみたものの、成果はなかった。

ⓐ 順接　ⓑ 逆接　ⓒ 並列

①	②	③	④

⑤	⑥	⑦	⑧

⑨

例題の解答 **1** ①ⓑ ②ⓐ ③ⓐ ④ⓒ ⑤ⓑ ⑥ⓐ ⑦ⓑ ⑧ⓒ ⑨ⓑ

演習

1 次の文章の空欄にあてはまる語句を、あとから選びなさい。

①は、その前後の論理関係を示すのに使われる助詞である。具体的な論理関係としては②、逆接、並列がある。②の接続助詞には「ば」、③、「から」などがある。接続助詞の④には補助の意味があり、二つの動詞をつなげることができる。

ⓐ「て」　ⓑ「ので」
ⓒ接続助詞　ⓓ順接

① ② ③ ④

---

2 次の傍線部の接続助詞の働きを、あとから選びなさい。

① 冬なのに、彼はいつも半袖半ズボンだ。
② 勉強すると言いながら、今日も彼女は寝ている。
③ 人生、良い時もあれば悪い時もある。
④ 彼は目立たないけれども、意見を言える人だ。
⑤ 彼女はうなずいたり微笑んだりして聞いている。
⑥ 疲れてはいるものの、この作業を終わらせる。
⑦ やってみると、意外とできることは多い。
⑧ 勉強していないと言うけれど、彼は成績が良い。
⑨ うまくいけば、留学に行くことができる。
⑩ 声をかけると、彼は笑顔で振り向いた。

ⓐ順接　ⓑ逆接　ⓒ並列

① ② ③ ④ ⑤ ⑥ ⑦ ⑧ ⑨ ⑩

✔ CHECK 08講で学んだこと

□ 文の中の接続助詞を指摘できるようになった
□ 文の中の接続助詞の用法を判別できるようになった

09講 ニュアンスを付け加える 助詞3（副助詞）

▼ここからはじめる 副助詞は、普段あまり意識することのない助詞ですが、実は読解上重要な意味を持つものが多いです。改めて意味や使い方を確認しておきましょう。

POINT 1 副助詞――ニュアンスを付け加えて連用修飾語を作る

副助詞は、直前の言葉にニュアンスを付け加えて連用修飾語を作ります。

例 先週だけでなく、今週も忙しい。

右の例文の「だけ」は、「先週」に「**限定**」のニュアンスを付け加えて、「忙しい」の連用修飾語にしています。「も」は、「今週」に「**添加**」のニュアンスを付け加えて、「忙しい」の連用修飾語にしています。

POINT 2 主な副助詞の意味

は…区別・強調
さえ…類推・限定・添加
こそ…強調
だって…類推
だけ…限定・程度
くらい…限定・程度
など…例示
とか…例示
も…同類・並立・強調
しか…限定
でも…例示・類推
まで…添加・限度
ばかり…限定・程度
ほど…程度・比較
なり…例示
きり…限定

例題

1 次の傍線部の副助詞の働きを、あとから選びなさい。

(1) 今日①こそは早く寝る②しかない。
(2) 定期試験対策③とか、ギターの練習をしよう。
(3) 私に④だってできる。
(4) 二週間⑤だけ部活⑥などで忙しい。
(5) 私⑦ばかり酷い目にあう。
(6) 彼女と違って彼に⑧は、一回⑨きりしかチャンスがない。

ⓐ 区別　ⓑ 強調　ⓒ 同類　ⓓ 並立　ⓔ 類推
ⓕ 限定　ⓖ 添加　ⓗ 例示　ⓘ 程度　ⓙ 比較

①　②　③　④　⑤　⑥　⑦　⑧　⑨

例題の解答 **1** ①ⓑ ②ⓕ ③ⓗ ④ⓔ ⑤ⓕ ⑥ⓗ ⑦ⓕ ⑧ⓐ ⑨ⓕ

演習の解答 ➡ 別冊P.12

演習

1 次の文章の空欄にあてはまる語句を、あとから選びなさい。

［①］は、直前の言葉にニュアンスを付け加えて連用修飾語を作る。たとえば、「だけ、しか、きり」などには［②］の意味がある。「は、も、こそ」には［③］の意味がある。

ⓐ 限定　ⓑ 副助詞　ⓒ 強調

①	②	③

---

2 次の傍線部の副助詞の働きを、あとから選びなさい。

① ニンジンだけ残して食べた。
② 煮るなり焼くなり好きにしてくれ。
③ 今日くらい一人で静かに過ごしたい。
④ 明日も今日と同じくらい忙しい。
⑤ 彼まで私をからかい始めた。
⑥ 今日までに宿題を終える必要がある。
⑦ おはようと言ったきり、彼とは話していない。
⑧ 明日も彼女に会うことができない。
⑨ この問題こそは当てられるだろう。
⑩ 私だってこの問題くらいできる。

ⓐ 区別　ⓑ 強調　ⓒ 同類　ⓓ 並立
ⓔ 類推　ⓕ 限定　ⓖ 添加　ⓗ 例示
ⓘ 程度　ⓙ 比較

①	②	③	④	⑤	⑥	⑦	⑧	⑨	⑩

✔ CHECK 09講で学んだこと

- □ 文の中の副助詞を指摘できるようになった
- □ 文の中の副助詞の用法を判別できるようになった

10講 ニュアンスを付け加える 助詞4（終助詞）

▼ここからはじめる　終助詞は、その名の通り、文の終わりに付く助詞で、この助詞の有無で文の意味が大きく変わることもあります。文の最後まで気を抜かず、正確に読むようにしましょう。

POINT 1 終助詞――文の終わりでニュアンスを付け加える

終助詞は、文の終わりや文節の切れ目に付いて、疑問、反語、禁止、勧誘、命令、感動、強調、念押し、断定、呼びかけ、主張などのニュアンスを付け加えます。

例
- なぜ荷物がこんなに重いのか。（疑問）
- 誰がそれを知っていようか。（反語）
- 手抜きをするな。（禁止）
- 休憩にしようか。（勧誘）
- 早くやっておけよ。（命令）
- ついに成功したか。（感動）
- 悲しいことがあったの。（断定）
- 必ず協力するとも。（強調）
- 傘を持っていくんだよ。（念押し）
- 雨よ、降れ。（呼びかけ）

POINT 2 主な終助詞の意味

か…疑問・反語・勧誘・感動　**かしら**…疑問
ぞ…強調　**とも**…強調　**な**…禁止・命令・感動・念押し
ね…感動・念押し　**の**…疑問・断定　**や**…勧誘・呼びかけ
よ…呼びかけ・勧誘・命令・念押し　**わ**…感動・主張

例題

1 次の傍線部の終助詞の働きを、あとから選びなさい。

① ちゃんと理解したとも。
② そんなつもりではなかったの。
③ 時間通りに来てね。
④ とても嬉しいわ。
⑤ もう時間だぞ。
⑥ どうかしましたか。

ⓐ 疑問　ⓑ 反語　ⓒ 禁止　ⓓ 勧誘
ⓔ 命令　ⓕ 感動　ⓖ 強調　ⓗ 念押し
ⓘ 断定　ⓙ 呼びかけ　ⓚ 主張

① 　② 　③ 　④ 　⑤ 　⑥

例題の解答　1 ①ⓖ　②ⓘ　③ⓗ　④ⓕ　⑤ⓖ　⑥ⓐ

演習

1 次の文章の空欄にあてはまる語句を、あとから選びなさい。

助詞の中で、文の終わりや文節の切れ目に付いてニュアンスを添えるものを ① という。 ② の意味を持つ ① には「か、かしら、の」がある。「か、や、よ」などは ③ の意味を持つ。「か、な、ね、わ」などは ④ の意味を持つ。また、「よ、な」のように ⑤ の意味を持つもの、「な、ね、よ」など ⑥ の意味を持つもの、「ぞ、とも」のように ⑦ の意味を持つものがある。他にも、「ポチや、おいで」の「や」のように ⑧ の意味を表すもの、「～しようか（いやしない）」の「か」のように ⑨ の意味を表すもの、さらに断定や主張、禁止の意味を表すものもある。

ⓐ 終助詞　ⓑ 反語　ⓒ 命令
ⓓ 呼びかけ　ⓔ 勧誘　ⓕ 感動
ⓖ 強調　ⓗ 念押し　ⓘ 疑問

① 　② 　③ 　④ 　⑤ 　⑥ 　⑦ 　⑧ 　⑨

2 次の傍線部の終助詞の働きを、あとから選びなさい。

① 一体誰がこの災害を予想できたかしら。
② もちろん理解していたとも。
③ 経済の発展と環境の保護は両立すべきだよ。
④ とうとう新薬の開発に成功したか。
⑤ 言葉にせずして意図が伝わると思うな。
⑥ 日本の教育は今後どうなるのだろうか。
⑦ 課題は必ずやってくるんだぞ。
⑧ 出典が明記されているか必ず確認してね。
⑨ よし、一緒に実験してみようか。
⑩ そんな暴挙は絶対に許せないわ。

ⓐ 疑問　ⓑ 反語　ⓒ 禁止　ⓓ 勧誘
ⓔ 命令　ⓕ 感動　ⓖ 強調　ⓗ 念押し
ⓘ 断定　ⓙ 呼びかけ　ⓚ 主張

① 　② 　③ 　④ 　⑤ 　⑥ 　⑦ 　⑧ 　⑨ 　⑩

✔ CHECK 10講で学んだこと

- □ 文の中の終助詞を指摘できるようになった
- □ 文の中の終助詞の用法を判別できるようになった

11講 誰がするかを把握する
助動詞1（受け身・使役）

▼ここからはじめる　助動詞はその種類、意味ともに多くありますが、特に読解上重要となるものに絞って扱います。まずは、動作の主体を把握する上で重要な受け身・使役の助動詞です。

POINT 1 受け身の助動詞―「れる」「られる」

受け身の意味を持つ助動詞には、「れる」と「られる」の二つがあります。どちらも、他の動詞や助動詞の未然形に付き、活用します。

語	未然形	連用形	終止形	連体形	仮定形	命令形
れる	れ	れ	れる	れる	れれ	れろ れよ
られる	られ	られ	られる	られる	られれ	られろ られよ

例
満員電車で押される。
古い新聞が捨てられる。

POINT 2 使役の助動詞―「せる」「させる」

使役の意味を持つ助動詞には、「せる」と「させる」の二つがあります。どちらも、動詞の未然形に付き、活用します。

語	未然形	連用形	終止形	連体形	仮定形	命令形
せる	せ	せ	せる	せる	せれ	せろ せよ
させる	させ	させ	させる	させる	させれ	させろ させよ

例
宿題を提出させる。
嫌いなものを食べさせる。

例題

1 次の文のうち、受け身の助動詞が使われている文を選んで記号に丸を付けなさい。また、選んだ文でプレゼントを「渡した」人に傍線を引き、「受け取った」人を四角で囲みなさい。

例 太郎は花子にプレゼントを渡された。

ⓐ K助はA子にプレゼントを渡した。
ⓑ K助はA子にプレゼントを渡された。

2 次の文のうち、使役の助動詞が使われている文を選んで記号に丸を付けなさい。また、選んだ文で挨拶を「させた」人に傍線を引き、「した」人を四角で囲みなさい。

例 太郎は花子に挨拶をさせた。

ⓐ K助はA子に挨拶をした。
ⓑ K助はA子に挨拶をさせた。

例題の解答　**1** ⓑ K助はA子にプレゼントを渡された。　**2** ⓑ K助はA子に挨拶をさせた。

勉強の疑問・不安、解決します！

いぶき社お客様ご相談室

Q1 自分に合う参考書の見つけ方を教えてください。

Q2 勉強のやる気を出すにはどうすればいいですか？

ガクサン あらすじ

参考書出版社「いぶき社」に中途入社した茅野《かやの》うるしが配属されたのは、偏屈参考書オタク・福山《ふくやま》と二人きりの部署「お客様ご相談係」で…？　読めば参考書の最前線がわかる!?　凸凹お仕事コメディ!!

➡第1話はこちらから

読むと勉強がしたくなる！
史上初・参考書コメディ!!
Q. 独学でも勉強はできるようになりますか？
参考書での独学受験は誰にでも可能だ
……！
A. なります。学習参考書《ガクサン》さえあれば！
実在の参考書が続々登場！
コミックDAYSにて大好評連載中！
ガクサン
GAKU-SAN
モーニングKC
佐《さ》原《はら》実《み》波《は》
KODANSHA
単行本1～4巻好評発売中！
以下続刊
ガクサン
佐原実波

演習

1 次の文章の空欄にあてはまる語句を、あとから選びなさい。

［①］の意味を持つ助動詞には、「れる」「られる」の二つがある。どちらも他の動詞や［②］の［③］に付き、活用する。［④］の意味を持つ助動詞には、「せる」「させる」の二つがある。どちらも動詞の［③］に付き、活用する。これらの助動詞は、動作の［⑤］を把握するのに重要である。

ⓐ 未然形　ⓑ 受け身　ⓒ 使役
ⓓ 助動詞　ⓔ 主体

① ② ③ ④ ⑤

2 次の文のうち、受け身の助動詞が使われている文をすべて選び、記号に丸を付けなさい。また、選んだ文で、ある行動を「した」人に傍線を引き「された」人を四角で囲みなさい。

例 ［友達］が店員さんに注文を聞かれた。

ⓐ 学生たちは教授に厳しく指導された。
ⓑ 故郷の名を聞くたびに、昔のことが思い出される。
ⓒ 法を整備することで環境破壊は止められるのか。
ⓓ 専門家は人々にエビデンスの提示を求められた。
ⓔ 今回の失言により政治家は国民から批判されるだろう。

3 次の文のうち、使役の助動詞が使われている文をすべて選び、記号に丸をつけなさい。また、選んだ文で、ある行動を「させた」人に傍線を引き、「した」人を四角で囲みなさい。

例 母親が［子ども］に掃除をさせた。

ⓐ この施設は負の遺産として人々によく知られている。
ⓑ かつてアメリカ連邦政府は先住民を強制的に移住させた。
ⓒ 顧客は社員から誠実な謝罪をされた。
ⓓ 研究者たちは研究所長からの命令で実験をした。
ⓔ 刑事は厳しい取り調べによって犯人に自白させた。

✔ CHECK 11講で学んだこと

☐ 文の中の受け身・使役の助動詞を指摘できるようになった
☐ 受け身文・使役文の主体と客体を判別できるようになった

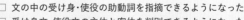

12講 時系列を把握する
助動詞2（過去・完了・可能）

▼ここからはじめる 次は過去・完了・可能を表す助動詞を扱います。文章を読むうえでは、今起こっているかもしれないこと、過去に起こったこと、これから起こることの区別が重要です。

POINT 1 過去・完了の助動詞――「た（だ）」

過去・完了の意味を持つ助動詞には、「**た（だ）**」があります。「た（だ）」には他に**存続**の意味もあり、文脈によって意味が決まります。「た（だ）」は**活用する言葉の連用形に付きます**。

語	未然形	連用形	終止形	連体形	仮定形	命令形
た（だ）	たろ（だろ）	○	た（だ）	た（だ）	たら（だら）	○

例
先週、友人と久しぶりに会った。（過去）
宿題が終わったときに電話が鳴る。（完了）
日に照らされた街は美しい。（存続）

POINT 2 可能の助動詞――「れる」「られる」

既に扱った受け身の意味に加え、「れる」「られる」には**可能を表す場合があります**。

ただし、「れる」はあまり使われず、代わりに「読める」「話せる」など、可能の意味を含む動詞が使われることが多いです。

例
美味しい食事はいくらでも食べられる。
彼は三言語を話せる。

補足 「れる」「られる」の他の意味

「れる」「られる」には尊敬と自発の意味もあります。

例
先生が指示を出される。（尊敬）
過去の出来事が思い出される。（自発）

例題

1 次の文に使われている助動詞の意味を、あとから選びなさい。

① 彼は剛速球を投げられる。
② 作品が完成したら、教えてください。
③ 昨日の夜は怖い夢を見た。

ⓐ 過去　ⓑ 完了　ⓒ 可能

①　②　③

例題の解答 1 ①ⓒ ②ⓑ ③ⓐ

演習の解答 ➡ 別冊P.15

演習

1 次の文章の空欄にあてはまる語句を、あとから選びなさい。

［①］の意味を持つ助動詞には「た（だ）」がある。これは活用する言葉の［②］に付く。他に存続の意味もあり、［③］によって変わる。［④］の意味を持つ助動詞には、「れる」「られる」がある。ただし「れる」はあまり使われず、［④］の意味を含む［⑤］が代わりに使われることが多い。「れる」「られる」には尊敬や自発の意味もある。

ⓐ 文脈　ⓑ 可能　ⓒ 動詞　ⓓ 連用形
ⓔ 過去・完了

2 次の傍線部の助動詞の意味を、あとから選びなさい。

① 終戦の日に黙とうを捧げた。
② 実験が終わったら報告してください。
③ ネットから簡単に情報を手に入れられる。
④ 昨日、課題をやるために論文を読んだ。
⑤ シベリアに行けばオーロラが見られる。
⑥ ちょうど試験前の見直しが済んだところだ。
⑦ フェイクニュースを見分けられるようにする。
⑧ 国勢調査の集計結果を発表した。
⑨ 哲学は自然科学の視点を取り入れられるか。
⑩ 福島県猪苗代町で、野口英世は生まれた。

ⓐ 過去　ⓑ 完了　ⓒ 可能

✔ CHECK
12講で学んだこと

□ 文の中の過去・完了・可能の助動詞を指摘できるようになった

13講 確信度を把握する 助動詞3（断定・推量など）

▼ここからはじめる　断定・推量を表す助動詞によって、筆者がどの程度確信をもって主張しているかがわかります。強く断定されている部分と、推量にすぎない部分を区別しましょう。

POINT 1 断定の助動詞――「だ」「です」「ようだ」

断定の意味を持つ助動詞には、「だ」「です」「ようだ」があります。「だ」が一番基本的な断定であり、「です」はその丁寧語、「ようだ」は比較的不確かな断定を表します。どれも主に名詞か活用語の連体形、一部の助詞（「の」「から」「ほど」「だけ」など）に付きます。

語	未然形	連用形	終止形	連体形	仮定形	命令形
だ	だろ	だっ・で	だ	（な）	なら	○
です	でしょ	でし	です	（です）	○	○
ようだ	ようだろ	ようだっ ようで ように	ようだ	ような	ようなら	○

例
勝負に勝ったのは彼だ。
テストは来週からです。
足跡を見るに、これは猫のようだ。

POINT 2 推量の助動詞――「う」「よう」「らしい」「まい」

推量の意味を持つ助動詞には、「う」「よう」「らしい」「まい」があります。「まい」は打ち消しの推量であり、「～ではないだろう」の意味です。「う」「よう」「まい」は活用しても形が変化しませんが、「らしい」は変化します。

語	未然形	連用形	終止形	連体形	仮定形	命令形
らしい	○	らしかっ らしく	らしい	らしい	（らしけれ）	○

例
トマトが苦手な人でも食べられよう。
有名人が来るらしい。
空気が無ければ生きられまい。

例題

1 次の文に使われている助動詞の意味を、あとから選びなさい。

① 電灯の真下はまぶしかろう。
② 卒業式は明日だ。

ⓐ 断定　ⓑ 推量

① ［　　］
② ［　　］

例題の解答　1 ①ⓑ　②ⓐ

演習

1 次の文章の空欄にあてはまる語句を、あとから選びなさい。

[①]の意味を持つ助動詞には「だ」「です」「ようだ」がある。これらは[②]か活用する言葉の連体形、一部の助詞に付く。[③]の意味を持つ助動詞には、「う」「よう」「らしい」「まい」がある。「まい」は[④]の推量である。「う」「よう」「まい」は[⑤]しても形が変化しないが、「らしい」は変化する。

ⓐ 名詞　ⓑ 断定　ⓒ 推量
ⓓ 活用　ⓔ 打ち消し

①	②	③	④	⑤

2 次の傍線部の助動詞の意味を、あとから選びなさい。

① 森林破壊が進んでいるようだ。
② 先生は許してくれまい。
③ その試合の結果は見えていよう。
④ 僕の腕時計は正確だ。
⑤ オリンピックは大盛況です。
⑥ 冬に半袖は寒かろう。
⑦ 叔父の家庭に子供が生まれたらしい。
⑧ 故郷の夜空は綺麗だった。
⑨ きみらしくもない発言だな。
⑩ 今日の演奏は最高でした。

ⓐ 断定　ⓑ 推量

①	②	③	④	⑤	⑥	⑦	⑧	⑨	⑩

✔ CHECK 13講で学んだこと

□ 文の中の断定・推量の助動詞を指摘できるようになった

14講 ニュアンスを把握する
助動詞④（その他）

▼ここからはじめる　最後に残った助動詞を扱います。特に打ち消しの助動詞は、譲歩や否定を把握するために重要です。本書で紹介されている助動詞の意味は覚えておきましょう。

POINT 1 打ち消しの助動詞──「ない」「ぬ（ん）」

打ち消しの意味を持つ助動詞には、「**ない**」「**ぬ（ん）**」があります。ともに動詞と助動詞の未然形に付きます。どちらも活用します。

例
- 電源を入れたのに動かない。
- 何があっても不平は言わぬ。

語	未然形	連用形	終止形	連体形	仮定形	命令形
ない	なかろ	なかっ なく	ない	ない	なけれ	○
ぬ（ん）	○	ず	ぬ（ん）	ぬ（ん）	ね	○

POINT 2 希望の助動詞──「たい」「たがる」

希望の意味を持つ助動詞には、「**たい**」「**たがる**」があります。ともに動詞と助動詞の連用形に付きますが、「たい」は話し手の希望を表し、「たがる」は話し手以外の希望を表します。どちらも活用します。

例
- 食後はケーキを食べたい。
- 彼はクラスの輪に入りたがる。

語	未然形	連用形	終止形	連体形	仮定形	命令形
たい	たかろ	たかっ たく	たい	たい	たけれ	○
たがる	たがら たがろ	たがっ	たがる	たがる	たがれ	○

例題

1 次の文に使われている助動詞の意味を、あとから選びなさい。

① 何を言われても従わない。
② K助は自分の話をしたがる。
③ 朝早く起きたい。

ⓐ 打ち消し　ⓑ 希望

① ［　　］
② ［　　］
③ ［　　］

例題の解答　**1**　①ⓐ　②ⓑ　③ⓑ

演習

1 次の文章の空欄にあてはまる語句を、あとから選びなさい。

［①］の意味を持つ助動詞には「ない」「ぬ(ん)」がある。

これらは動詞と助動詞の［②］に付く。

［③］の意味を持つ助動詞には、「たい」「たがる」がある。

これらは動詞と助動詞の［④］に付く。「たい」は［⑤］の希望を表し、「たがる」は［⑤］以外の希望を表す。

ⓐ 話し手　ⓑ 連用形　ⓒ 未然形
ⓓ 希望　ⓔ 打ち消し

① ② ③ ④ ⑤

2 次の傍線部の助動詞の意味を、あとから選びなさい。

① 最近うちの犬の元気がない。
② 試験が終わったら遊びたい。
③ 息子はアイスを食べたがる。
④ 背に腹はかえられぬ。
⑤ 彼が盗んだに違いない。
⑥ これは開かずの扉だ。
⑦ 友達は自分の家に来たがっていた。
⑧ 僕も試合に出たかった。
⑨ 財布を落とさなければ電車に乗れた。
⑩ 大学に行きたければ勉強をしなさい。

ⓐ 打ち消し　ⓑ 希望

① ② ③ ④ ⑤ ⑥ ⑦ ⑧ ⑨ ⑩

✔ CHECK 14講で学んだこと

□ 文の中の打ち消し・希望の助動詞を指摘できるようになった

15講

文節相互の関係 1

日本語の文って、どういう風に組み立てられているの？

▼ここからはじめる　ここからは文について扱います。日本語の文は、文節が集まったものと見ることができ、文節相互の関係を知ることで文の意味を理解することができます。

POINT 1 主・述の関係―文の骨格

主語とは「**誰／何が**」にあたる文節で、文の主題を表し、**述語**とは「**どうする**」「**どんなだ**」「**何だ**」「**ある（いる・ない）**」にあたる文節で、主題の説明をしています。このように主語が述語に係り、述語が主語を受けるという関係を**主・述の関係**と呼びます。

例
係り → 受け（説明）
受験生が → 勉強する。（どうする）
成績が → 良い。（どんなだ）
僕は → 受験生だ。（何だ）
志望校が → ある。（ある・いる・ない）

POINT 2 修飾・被修飾の関係―文の肉や服

修飾とは「**後にくる他の文節を詳しく説明すること**」です。いつ・どこで・何で・何に・何を・どんな・何の・どんなに・どのくらい、といった状況・対象・様子などを説明します。詳しく説明する文節を**修飾語**といい、詳しく説明される文節を**被修飾語**と呼びます。このような文節の関係を**修飾・被修飾の関係**と呼びます。

例
係り → 受け（説明）
勉強する → 受験生
良い → 成績

例題

1 次の傍線部の文節どうしの関係を、あとから選びなさい。

① K助が勉強している。
② 勉強しているK助なんて、信じられない。
③ でも、真剣な顔で勉強しているK助はカッコいい。

ⓐ 主・述の関係　ⓑ 修飾・被修飾の関係

①　②　③

手順1 **文節に分ける**
まず文節に区切ってみる。

手順2 **関係を考える**
❶「誰／何が」―「どうする」「どんなだ」「何だ」「ある（いる・ない）」になっている→**主・述の関係**
❷前の文節が「いつ・どこで・何で・何に・何を・どんな・何の・どんなに・どのくらい、といった状況・対象・様子」を表して後ろの文節を説明している→**修飾・被修飾の関係**

例題の解答　**1** ①ⓐ　②ⓑ　③ⓑ

演習

1

次の文章の空欄にあてはまる語句を、あとから選びなさい。

［①］は「誰／何が」にあたる文節で、文の［②］を表す。述語は［①］の説明をする文節である。［①］が述語に係り、述語が［①］を受けるという文節相互の関係を［③］と呼ぶ。［④］とは後にくる他の文節を詳しく説明することで、詳しく説明する文節を［⑤］と呼び、詳しく説明される文節を［⑥］と呼ぶ。このような文節の関係を［⑦］と呼ぶ。

ⓐ 修飾　ⓑ 主題　ⓒ 被修飾語
ⓓ 主語　ⓔ 修飾語　ⓕ 主・述の関係
ⓖ 修飾・被修飾の関係

① 　② 　③ 　④
⑤ 　⑥ 　⑦

2

次の傍線部の文節どうしの関係を、あとから選びなさい。

① K助が走っている。
② 私は走っているK助を見た。
③ 明日の天気は晴れだろうか。
④ 昨日私は泳いだ。
⑤ いつも父は夜に散歩をする。
⑥ 青い家がある。
⑦ 新しい机を買った。
⑧ 私の腕時計が壊れてしまった。
⑨ 風船が破裂した。
⑩ 根も葉もない噂が広がっていく。

ⓐ 主・述の関係　ⓑ 修飾・被修飾の関係

① 　② 　③ 　④
⑤ 　⑥ 　⑦ 　⑧
⑨ 　⑩

CHECK 15講で学んだこと

- □ 主語・述語は文の骨格であることを理解できた
- □ 修飾語は文の飾りであることを理解できた
- □ 読むときはまず文の骨格をとらえられるようになった

16講 文節相互の関係2

日本語の文って、どういう風に組み立てられているの？

▼ここからはじめる 文節相互の関係は、基本的には「主・述の関係」と「修飾・被修飾の関係」ですが、他にも単独で働く文節や、並列する文節があります。どちらも読解上重要になります。

POINT 1 独立の関係

他の文節と直接関係がない文節との関係を、**独立の関係**と呼びます。**独立語**は、呼びかけ、感動、応答、提示などを表します。

例
- あのさ、さっきのテストできた？ 呼びかけ
- ああ、疲れた。 感動
- はい、元気です。 応答
- 大学受験、それは、努力を示す場所だ。 提示

POINT 2 接続の関係

接続語とその後に続く文や文節との関係を、**接続の関係**と呼びます。**接続語**とは「前の文や文節を後に続ける働きをする文節のこと」です。接続語には**接続詞**が単独で接続語の働きをする場合と、**接続助詞のついた文節**が接続語の働きをする場合があります。

例
- しかし、事態はそう単純ではない。
- 夏は暑いけれど、冬は寒い。

POINT 3 並列の関係

二つ以上の文節が対等に並んでいる関係を、**並列の関係**と呼びます。

例 彼女は、ピアノとギターが弾ける。

補足 読解のための文節

文を読むときは、まず「**主・述の関係**」を把握することで、その文が、「何について、どういっている」のかを見抜きます。そして、「**修飾・被修飾の関係**」や、「**接続・並列の関係**」をきちんと確認して、より詳しい内容を把握します。

例題

1 次の傍線部と他の文節との文節どうしの関係を、あとから選びなさい。

① K助はリンゴとハチミツが好きだ。
② つまり、打つ手はないということだ。
③ さあ、帰り支度を始めよう。
④ ただし、危険が無いように注意するべきだ。
⑤ 暑いので、冷房をつけた。

ⓐ 独立の関係　ⓑ 接続の関係　ⓒ 並列の関係

① ② ③ ④ ⑤

例題の解答 1 ①ⓒ ②ⓑ ③ⓐ ④ⓑ ⑤ⓑ

演習の解答 ➡ 別冊P.19

演習

1 次の文章の空欄にあてはまる語句を、あとから選びなさい。

他の文節と直接関係がない文節を［①］と呼ぶ。［①］は［②］、［③］、［④］、［⑤］などを表す。

前の文や文節を、後に続ける働きをする文節のことを［⑥］と呼ぶ。［⑥］には［⑦］が単独で接続語の働きをする場合と、［⑧］が接続語の働きをする場合がある。

二つ以上の文節が対等に並んでいる関係を［⑨］と呼ぶ。

ⓐ 独立語　ⓑ 接続語　ⓒ 並列の関係
ⓓ 接続詞　ⓔ 呼びかけ　ⓕ 感動
ⓖ 応答　ⓗ 提示　ⓘ 接続助詞のついた文節

① ［　］　② ［　］　③ ［　］　④ ［　］
⑤ ［　］　⑥ ［　］　⑦ ［　］　⑧ ［　］
⑨ ［　］

---

2 次の傍線部と他の文節との文節どうしの関係を、あとから選びなさい。

① もしもし、佐藤さんですか？
② はい、私が佐藤です。
③ ところが、彼はまだ作業を続けた。
④ 私は野球とサッカーが好きだ。
⑤ 今日は二月十四日、つまりバレンタインデーだ。
⑥ ええっ、そんなことないよ。
⑦ 朝から何も食べていないので、お腹がすいた。
⑧ さあ、みんなで出かけよう。
⑨ ハンバーグとステーキのどちらを食べたいですか。
⑩ ニューヨーク、そこが私の第二の故郷だ。

ⓐ 独立の関係　ⓑ 接続の関係　ⓒ 並列の関係

① ［　］　② ［　］　③ ［　］　④ ［　］
⑤ ［　］　⑥ ［　］　⑦ ［　］　⑧ ［　］
⑨ ［　］　⑩ ［　］

✔ CHECK 16講で学んだこと

□ 文の中の独立の関係、接続の関係、並列の関係を指摘できるようになった

17講 文の「骨格」を見抜く 主部・述部の発見

▼ここからはじめる　文の意味を知るうえで、最も重要なことは、主部（主語）・述部（述語）を把握することです。長い一文の意味がわからないときは、「誰／何が、～する／だ」を確認しましょう。

POINT 1 主部・述部

主・述の関係は、複数の文節どうしでも成立することがあります。複数の文節がまとめて主語となるとき、それを**主部**と呼びます。複数の文節がまとめて述語となるとき、それを**述部**と呼びます。

例
数学のテストはとても難しい。（主部）
ケーキが食べたくなった。（述部）

POINT 2 主部・述部の見つけ方

先に述部から探します。述部は文の最後の方にあることが多いので、文末から動詞・名詞・形容詞・形容動詞を中心にした意味のまとまりを探して述部と考えます。次に、その述部の主部となる「名詞＋は／が」のまとまりを探します。主部は省略されることもあるので、見つからない場合は前後の文から主部を推測します。

例
追い詰められたネズミは、猫にかみつくことがある。
風邪をひいている人は、学校を休むべきだ。
主部　述部

主部・述部を把握するためには、修飾・被修飾の関係を見抜くことが重要ですが、それについては**21講**～**24講**で詳しく扱います。

補足 連文節

複数の文節がまとまって一つの文節のように働いているものを**連文節**と呼びます。実際の文章では、主語や述語に修飾語が付いて連文節になっているものが多いため、連文節の文中での役割を示している、主部・述部を把握することが重要となります。

例題

1 次の文の主部に傍線を引き、述部を四角で囲みなさい。

例 K助は本を買った。

① 厚い雲で高い山が見えなくなった。

② 私と両親はパーティーに参加しなければならない。

③ 現代文の勉強は無駄ではない。

④ 長身の男性が歩いていた。

例題の解答　**1**　① 厚い雲で高い山が見えなくなった。　② 私と両親はパーティーに参加しなければならない。　③ 現代文の勉強は無駄ではない。　④ 長身の男性が歩いていた。

演習

1

次の文章の空欄にあてはまる語句を、あとから選びなさい。

主・述の関係は、複数の文節どうしでも成立することがある。複数の文節がまとめて主語となるとき、それを ① と呼ぶ。また、複数の文節がまとめて述語となるとき、それを ② と呼ぶ。

ⓐ 主部　ⓑ 述部

① ______

② ______

2

次の文の主部に傍線を引き、述部を四角で囲みなさい。

① 西日本では強い雨が降り続いている。

② 向こうから、大きな石が転がってくる。

③ 彼と私は、汗をかきながらその仕事をやり遂げた。

④ 友達の弟が、先日の試合で大活躍した。

⑤ 予習と復習は毎日しなければならない。

⑥ そちらに見える大きなゾウは、3頭の子どものゾウを世話している。

⑦ 大会前のため、ケガをした人は練習を休むべきだ。

⑧ アフリカの人口増加が、間接的に日本の食糧危機を招くかもしれない。

⑨ 昔、彼女と私は、泥だらけになりながらその公園で遊んでいた。

⑩ 小さな少女が、全力で橋の上を駆けていった。

✔ CHECK 17講で学んだこと

□ 文の主部（主語）・述部（述語）を指摘できるようになった

18講 文の「肉」を見抜く 修飾関係の把握

▼ここからはじめる　主語（主部）・述語（述部）が文の骨なら、修飾語（修飾部）は文の肉となる部分です。修飾語が多く、長く複雑な文は、係り受けを一つずつ確認することが重要です。

POINT 1 修飾部・被修飾部

修飾・被修飾の関係は、複数の文節どうしでも成立することがあります。複数の文節がまとめて他の文節や連文節を修飾するとき、それを**修飾部**と呼びます。複数の文節がまとめて他の文節や連文節に修飾されるとき、それを**被修飾部**と呼びます。

例
国語の先生は文章の読み方を教えている。（修飾部：文章の読み方を／被修飾部：教えている）
怪盗は、その場にいる全員に見られてしまった。

POINT 2 修飾関係の把握の仕方

修飾語（修飾部）は基本的に被修飾語（被修飾部）より前にあります。

文を一読して、修飾関係がわからないときは、修飾部が連体修飾（名詞を修飾する）をしているか、連用修飾（名詞以外を修飾する）をしているかを考え、意味的に適切な係り受けを把握します。

例
好きなことをしている時間は、他のことをしている時間よりも幸せだ。
（連体修飾部：好きなことをしている／被修飾部：時間は／連用修飾部：他のことをしている時間／被修飾語：よりも幸せだ）

補足 接続部

連文節が主・述の関係や修飾・被修飾の関係を作るのと同様に、**接続部**も存在します。

例　雨が激しく降ってきたので、傘を差した。（接続部）

例題

1 次の文の修飾部に傍線を引き、被修飾部（被修飾語）を四角で囲みなさい。

例　テストで0点をとった［K助は］焦った。

① 大きなカブを引き抜いた。
② 彼女は他の誰よりも努力家だ。
③ ペットと一緒にいる男性が散歩している。
④ 目をそむけたくなるような映像が放送された。

例題の解答　**1**　① 大きなカブを［引き抜いた］。　② 彼女は他の誰よりも［努力家だ］。　③ ペットと一緒にいる［男性が］散歩している。　④ 目をそむけたくなるような［映像が］放送された。

演習の解答 ➡ 別冊P.21

演習

1 次の文章の空欄にあてはまる語句を、あとから選びなさい。

[①]の関係は、複数の文節どうしでも成立することがある。複数の文節がまとめて他の文節や連文節を修飾するとき、それを[②]と呼ぶ。複数の文節がまとめて他の文節や連文節に修飾されるとき、それを[③]と呼ぶ。

ⓐ 修飾・被修飾　ⓑ 被修飾部　ⓒ 修飾部

① [　　]　② [　　]　③ [　　]

2 次の文の修飾部に傍線を引き、被修飾部（被修飾語）を四角で囲みなさい。

① ベッドで寝ている男の子が弟だ。
② 向こうの男性が子どもに自転車の乗り方を教えている。
③ 私は他のどの科目よりも数学が好きだ。
④ 先日、父に高価な財布を買ってもらった。
⑤ 誰もが知る俳優が亡くなった。
⑥ 人々の間を駆け抜けた。
⑦ 派手に落とした携帯電話が故障した。
⑧ 新聞に、目を疑うような記事が掲載された。
⑨ 先生から昨日、連立方程式の解き方を教わった。
⑩ 緊急で行われた手術が無事終了した。

✔ CHECK
18講で学んだこと

□ 文の修飾部・被修飾部を指摘できるようになった

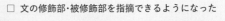

19講 世界を分ける 否定

▼ここからはじめる 現代文でよく出てくる、「AではなくB」という否定のカタチは、物事をAグループとBグループに分けることで、その違いを明らかにし、主張を明確にするために使われます。

POINT 1 否定——「でない」

言葉によってものを説明するときは、一方を「A」、もう一方を「Aでないもの」というようにグループ分けをしていきます。文章の中で**否定**のカタチが使われている場合には、「A」と「Aでないもの」を明確に区別しながら、それぞれの違いをつかむことが必要です。

POINT 2 否定のカタチの例

1 否定のフレームワーク

Aではなく、（ではない。）Bである
Aより（ではなく）むしろB
Aのようで実はB

2 打ち消しの助動詞

ない　ぬ（ん）

3 否定語

マイナスの意味の言葉が否定のカタチを作ることがあります。

例
Aは不要だが、Bは必要だ。
Aは有害だが、Bは無害だ。

補足 フレームワーク

フレームワークとは、「考えるべきポイントをパターンとして落とし込み、誰でも論理的に考えることができるようにしたもの」です。この型にあてはめて文章を読むことで、内容を上手くつかむことができます。

例題

1 次の文章の内容に合うものを、あとから選びなさい。

成功するためには、何に対しても自信を持てないでいるのではなく、自分は何でもできると思い込むことが重要である。その点で、成功体験を持つ人が有利になる。自分に自信がある人は、チャンスが来たときに怖気づいて逃してしまうのではなく、確実にそのチャンスをつかむことができる。これが成功する人としない人を分けるポイントである。

ⓐ 自分に自信がある人は成功しやすい。
ⓑ 自分に自信がない人は成功しやすい。
ⓒ チャンスを怖れることが重要だ。

例題の解答 1 ⓐ

演習

1

次の文章の空欄にあてはまる語句を、あとから選びなさい。

[①]は、文の中で「A」と「Aでないもの」を区別し、[②]を明確にするために使われるカタチである。フレームワークとしては「Aではなく、Bである」「AよりむしろB」などが考えられる。また、[③]の助動詞「ない」「ぬ(ん)」や、マイナスの意味を持つ[④]が[①]のカタチを作ることもある。

ⓐ 打ち消し　ⓑ 否定　ⓒ 主張　ⓓ 否定語

① [ ]　② [ ]　③ [ ]　④ [ ]

2

次の文章の内容に合うものを、あとから選びなさい。

疑うという行為は負の印象が強いが、大切なことでもある。たとえばあるサプリを使用した人のうち、九割の人がその効果を実感した、というアンケート結果があるとする。しかし、これを簡単に信じてはいけない。選択肢を「①効果をとても実感した②少し実感した③全く実感できなかった」の三つにし、①と②をまとめて「効果を実感した」と表示すれば、多くの人が効果を実感したように見せかけられる。データには裏があることも考えられるのだ。

データを一旦疑うのは悪いことではなく、むしろデータに真摯に向き合う良い姿勢の表れといえる。

ⓐ 疑うという行為に負の印象を持ってはならない。
ⓑ データを疑うことがあってはならない。
ⓒ データを一旦疑うのは良い姿勢の表れといえる。

[ ]

✔ CHECK 19講で学んだこと

□ 文章中の否定のカタチに気づけるようになった
□ 否定のカタチがあったら、前後の内容を「A」と「B」に分けて整理できるようになった

20講 文と文をつなげる 指示語 1

▼ここからはじめる　一文の理解に関する文法を学んできましたが、ここからは、文と文をつなぎ、文章を作る「指示語」を学びます。指示語の指示対象を確定することは、文章読解の第一歩です。

POINT 1 指示代名詞――文章に登場する人や出来事を指し示す言葉

指示代名詞は、「**文章に一度登場した言葉の代わりに使われる言葉**」です。「**これ**」「**それ**」「**あれ**」「**どれ**」の四種類がありますが、現代文で出題される文章では「これ」と「それ」が特によく使われます。例外はありますが、基本的にすでに一度出てきた言葉を言い換える働きをします。「これ」は直前の語や内容を指すことが多く、「それ」は少し離れたものを指すこともあります。

POINT 2 指示代名詞の働き――文と文をつなげる

指示代名詞（指示語）は、前の文に登場した言葉や、前の文の内容を受けて、以降の文の一部になるため、**文と文をつなげる働き**をします。現代文を読解するためには、指示語が出てくるたびにその指示対象を確定させることが重要です。

例　スマホを拾った。これは、太郎のものだ。
（「これ」は、「スマホ」を指す）

例　K助は大学に合格した。それは誰も知らなかった。
（「それ」は、「K助が大学に合格したこと」を指す）

例　遠くに鳥が飛んでいるのが見える。あれはスズメだ。
（「あれ」は「遠くに飛んでいるのが見える鳥」を指す）

例　青色、赤色、緑色がある。どれか一つ選べ。
（「どれ」は「青色、赤色、緑色」のいずれかを指す）

例題

1 次の文中の指示語に傍線を引き、その指示対象を答えなさい。

① ひたむきに努力すること。それがすべてだ。

② 太郎からペンを借りた。それは書きづらかった。

③ 時間は守るべきだ。これができないと怒られる。

④ 昨日、落とし物を見た。あれは太郎のものだったかもしれない。

⑤ 親友に裏切られた。これよりショックなことはない。

①　②　③　④　⑤

例題の解答　**1** ①指示語…それ　指示対象…ひたむきに努力すること　②指示語…それ　指示対象…太郎から借りたペン　③指示語…これ　指示対象…時間を守ること　④指示語…あれ　指示対象…落とし物　⑤指示語…これ　指示対象…親友に裏切られたこと

演習

1 次の文章の空欄にあてはまる語句を、あとから選びなさい。

文章に一度登場した言葉の代わりに使われる言葉を、①と呼ぶ。指示語は、前の文に登場した言葉や前の文の内容を受けて、以降の文の一部になる。②は直前の語や内容を指すことが多く、③は少し離れたものを指すこともある。「あれ」はある程度離れたところにあるものを指す際に用いる。指示語が出てきたときにはその④を確定させることが重要である。

ⓐ 指示対象　ⓑ「それ」
ⓒ「これ」　ⓓ 指示代名詞

①	②	③	④

2 次の文章の傍線部の指示語の指示対象を答えなさい。

文章中に意味を知らない単語があったときに、①これはどういう意味だろうと考える。②それはすごく自然なことで、無意識のうちにやっていることさえある。文章の流れから推測することもあるし、調べることもある。一度ではわからなかった意味も何度も異なる文脈の中で登場することでわかることもある。そして次第に新しい言葉を覚えていく。③これは会話の中でも同じことで、人が言葉を覚える過程そのものである。当然知らない言葉に出会っても調べずに終わることはある。それでも、ふとしたときに④あれはどんな意味だっただろうかと思い出したり、またその言葉に出会ったりする。文章を読むことや会話をすることで、私たちは言葉の使い方を学んでいるのだ。

①	②	③	④

✔ CHECK
20講で学んだこと

☐ 文の中の指示代名詞を指摘できるようになった
☐ 指示代名詞の指示対象を指摘できるようになった

21講 文と文をつなげる 指示語 2

▼ここからはじめる 指示語には、指示代名詞の他に指示連体詞とまとめの指示語があります。この二つは指示対象の確定が難しいですが、よく使われるのできちんと理解しておきましょう。

POINT 1 指示連体詞──名詞を修飾する指示語

指示連体詞は、文章に一度登場した言葉の代わりに使われ、名詞を修飾する言葉です。「**この**」「**その**」「**あの**」「**どの**」の四種類がありますが、現代文で出題される文章では「この」と「その」が特によく使われます。例外はありますが、基本的にすでに一度出てきた言葉を言い換える働きをします。「この」は直前の語や内容を指すことが多く、「その」は少し離れたものを指すこともあります。「あの」は時間的、空間的に離れたものを指すことが多いです。

例 歌手の新曲を聞く。この歌は、平和を願って作られたそうだ。
（「この歌」は「歌手の新曲」を指す）

例 K助は東大に合格した。そのことは親戚中に知れ渡った。
（「そのこと」は「K助が東大に合格したこと」を指す）

例 決勝で敗北したあの日のことを今でも思い出す。
（「あの日」は「決勝で敗北した日」を指す）

POINT 2 まとめの指示語──説明をまとめる指示語

まとめの指示語は、前の具体例や詳しい説明をまとめる働きをします。「**このような**」「**そのような**」「**こういう**」「**そういう**」などがあり、指示対象は複数の文にまたがる場合があります。

例 計画を立て、その通りに学習し、上手くいかなかったことを修正してまた新しい計画を立てる。このようなサイクルが受験勉強では大切だ。
（「このような」は前の文の内容全体を指している）

例 雨にも負けず、風にも負けず、雪にも夏の暑さにも負けない、そういう人になりたい。
（「そういう」はその前の内容全体を指している）

例題

1 文中の指示語に傍線を引き、その指示対象を答えなさい。

① 電動アシスト自転車が売れている。この商品は、モーターによりペダルを踏む負担を軽減する。

② カンニングをした太郎は追試になった。そういうことをすると罰が当たるのだ。

③ 良かれと思ってしたことが悪い結果を生む。このようなことはよくある。

①

②

③

例題の解答 **1** ① 指示語…この　指示対象…電動アシスト自転車　② 指示語…そういう　指示対象…カンニングをすること
③ 指示語…このような　指示対象…良かれと思ってしたことが悪い結果を生むこと

演習の解答 ➡ 別冊P.24

演習

1 次の文章の空欄にあてはまる語句を、あとから選びなさい。

［①］は、文章に一度登場した言葉を言い換える働きをし、名詞を修飾する言葉である。「この」「その」「あの」「どの」の四種類があり、現代文で出題される文章では「この」と「その」がよく使われる。

［②］は、前の［③］や詳しい説明をまとめる働きをする。「このような」「そのような」などがあり、指示対象は［④］の文にまたがる場合がある。

ⓐ まとめの指示語　ⓑ 具体例　ⓒ 指示連体詞
ⓓ 複数

① ［　　］
② ［　　］
③ ［　　］
④ ［　　］

2 次の文章の傍線部の指示語の指示対象を答えなさい。

人は古い昔から音楽を楽しんできた。①この習慣には人間の本能的な音楽とのつながりを感じる。伝統音楽から新しいものまで、多種多様な音楽が世界中で存在している。②このような人間の共通点は、お互いが関わりあう中で助けとなる。万国共通のものは数多くあるわけではない。その中で音楽を含めた芸術やスポーツの分野などは共通するものである。③そうした共通点は時代や文化によらず世界中で広がるものであり、全く異なる地で異なる人々が同じものを楽しむきっかけを与えてくれる。同じものを楽しむことができるという、④その経験とそこから得られる感覚が人々の距離をまたたく間に縮めることがある。

① ［　　］
② ［　　］
③ ［　　］
④ ［　　］

✔ CHECK
21講で学んだこと

□ 文の中の指示連体詞とまとめの指示語を指摘できるようになった
□ 指示連体詞とまとめの指示語の指示対象を指摘できるようになった

22講 文と文の関係を示す 接続表現①

▼ここからはじめる　接続詞に限らず、文と文の関係を示し、文と文をつなぐ働きをする言葉をここでは接続表現と呼びます。接続表現に注意すると、文章の大事なところがわかりやすくなります。

POINT 1 逆接──前と反対の内容が後に続く

逆接の接続表現である「**しかし**」「**だが**」「**でも**」「**けれども**」「**ところが**」などが使われているとき、前後の文の内容は反対になります。

例　大学受験をする。しかし、現代文は勉強したくない。

例　雨が降っているけれども、遠足に行く。

POINT 2 順接──前が原因・理由で、後に順当な結果

順接の接続表現「**だから**」「**すると**」「**したがって**」「**よって**」などが使われているとき、前の文が原因・理由で、後の文が順当な結果になります。

例　大学受験をする。だから、現代文の勉強を始めた。

例　人間は死ぬ。ソクラテスは人間である。したがって、ソクラテスは死ぬ。

補足　そして

「**そして**」は前の文の事柄に後の文の事柄がつながることを示すだけで、前後の関係は様々です。

例　僕は大学を受験する。そして、大学で文学を学ぶ。

POINT 3 例示──後に具体例が来る

例示の接続表現である「たとえば」が使われているとき、その後に具体例が来ます。

例　現代文が苦手だ。たとえば、先週のテストは赤点だった。

例題

1 次の傍線部の接続表現の種類を、あとから選びなさい。

① 窓を開けた。すると、涼しい風が入ってきた。
② 現代文が嫌いだ。だが、勉強しなければならない。
③ 運動が好きだ。たとえば、バスケットボールが好きだ。
④ 出発前に持ち物を確認した。ところが、忘れ物があった。
⑤ 足を骨折した。よって、歩けない。

ⓐ 逆接　ⓑ 順接　ⓒ 例示

① 　② 　③ 　④ 　⑤

例題の解答　1　①ⓑ　②ⓐ　③ⓒ　④ⓐ　⑤ⓑ

演習の解答 ➡ 別冊P.25

演習

1 次の文章の空欄にあてはまる語句を、あとから選びなさい。

文と文の関係を示す言葉を広く接続表現と呼ぶ。そのうち、「しかし」「だが」など前後の文の内容が反対になるものを［①］の接続表現と呼ぶ。「だから」「したがって」など前の文が原因・理由で、後の文が順当な結果になるものを［②］の接続表現と呼ぶ。「たとえば」などの［③］の接続表現が使われているとき、その後には具体例が来る。［④］は前の文の事柄に後の文の事柄がつながることを示すだけで、前後の関係は様々である。

ⓐ「そして」　ⓑ例示　ⓒ逆接　ⓓ順接

①［　］　②［　］　③［　］　④［　］

2 次の文章の空欄にあてはまる言葉を、あとから選びなさい。

新型コロナウイルスの感染拡大は人々に多くの影響とともに学びを与えた。学びの一つといえるのは、正しい情報だけが拡散されるわけではないということだ。［①］、ワクチンに関して多くの情報が飛び交い、誤った情報が拡散されたこともあった。本来重要な事柄に関しては根拠や出所がはっきりした正しい情報だけが出回るのが理想だ。［②］、現実には根拠のない情報も簡単に広がってしまい、人々を不安にさせたり間違った判断に導いてしまったりする。この現象はインターネットが普及した現在顕著である。［③］、私たちはすべての情報をそのまま信じるわけにはいかないのである。

ⓐしかし　ⓑだから　ⓒたとえば

①［　］　②［　］　③［　］

✔ CHECK 22講で学んだこと

- □ 文章の中の接続表現を指摘できるようになった
- □ 逆接、順接、例示の接続表現を判別できるようになった

23講 接続表現２

文と文の関係を示す

▼ここからはじめる　接続表現には他にもいろいろな種類があります。本書で紹介するのは特に重要なものなので、覚えておきましょう。接続表現がわかると、穴埋め問題にも強くなります。

POINT 1 並立・累加――前後の内容が両方必要

並立・累加の接続表現は、前後の内容が両方必要だということを示します。「**かつ**」「**また**」「**および**」「**それから**」「**それに**」「**さらに**」「**しかも**」「**ならびに**」などがあります。

例
日本の夏は暑く、かつ湿度が高い。
家に帰ったら手を洗い、さらにうがいをした。
太郎はお金持ちだ。しかも、性格も良い。
小学生ならびに中学生は出席してください。

POINT 2 対比・選択――前後の内容のどちらか一方を選ぶ

対比・選択の接続表現は、前後の内容の少なくともどちらか一方を選ぶことを示します。「**または**」「**あるいは**」「**もしくは**」「**ないしは**」「**それとも**」などがあります。

例
ケーキまたはゼリーを選んでください。
対面あるいはオンラインで授業を行います。
鉛筆ないしはシャープペンで記入してください。
サッカーが好きですか、それとも野球ですか。

POINT 3 換言・要約――前後が同内容であることを示す

換言・要約の接続表現の前後の内容は同じになります。「**つまり**」「**すなわち**」「**要するに**」「**言い換えると**」があります。

例
太郎はケガをした。つまり、次の大会には出られない。
彼らはいつも喧嘩をしている。すなわち、仲が悪い。
支出が収入を超えている。要するに、破産だ。
その議員は落選した。言い換えると、選挙に負けた。

例題

1 次の傍線部の接続表現の種類を、あとから選びなさい。

① 傘を忘れた。また、かっぱも無い。
② 私の母の妹が彼女だ。つまり、彼女は私のおばだ。
③ 入場券もしくは予約画面を提示してください。

ⓐ 並立・累加　ⓑ 対比・選択　ⓒ 換言・要約

① ［　　］
② ［　　］
③ ［　　］

例題の解答　**1**　①ⓐ　②ⓒ　③ⓑ

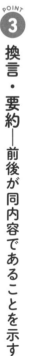

演習

1 次の文章の空欄にあてはまる語句を、あとから選びなさい。

［①］の接続表現には「かつ」「また」「および」などがあり、前後の内容が両方必要だということを示す。「つまり」「すなわち」などの［②］の接続表現が使われているとき、前後の内容は同じになる。［③］の接続表現には「または」「あるいは」などがあり、前後の内容の少なくともどちらか一方を選ぶことを示す。

ⓐ 対比・選択　ⓑ 並立・累加　ⓒ 換言・要約

① ［　］　② ［　］　③ ［　］

2 次の文章の空欄にあてはまる言葉を、あとから選びなさい。

学校教育は勉強だけを目的としているわけではない。よく学び、［①］よく遊ぶことが学校教育の根幹である。これは小学校での休み時間の確保や中学校・高校での部活動にもつながっている。学校は本来勉強の機会、［②］授業を提供する場である。そこに加えてそれ以外の要素、たとえば運動や音楽、芸術などの要素が重要視されている。現代は学歴など勉強の成果が将来を左右するというのがおおよその現実である。このような時代にも、勉学がすべてではないという価値観は大切にされているということだ。将来的に趣味につながるものに出会えるか、［③］出会えないまま大人になるかという点において、勉強以外のものを大切にする教育の文化は役立っている。

ⓐ かつ　ⓑ または　ⓒ つまり

① ［　］　② ［　］　③ ［　］

✔ CHECK 23講で学んだこと

- □ 文章の中の接続表現を指摘できるようになった
- □ 並立・累加、対比・選択、換言・要約の接続表現を判別できるようになった

24講 文と文の関係を示す 接続表現3

▼ここからはじめる　どの接続表現も、知っていると文章の展開が予測できるようになります。文章を読むのに時間がかかってしまうと思う人は、接続表現に気をつけると効果的です。

POINT 1 理由──主張の理由を示す

理由の接続表現は、前の主張の理由を示します。「**なぜなら**」「**というのは**」などがあります。

例
出かけるのは明日にしよう。なぜなら、雨が降っているから。
学校を休む。というのは、風邪をひいてしまったからだ。

POINT 2 補足──前の事柄に反対の内容の説明を付け加える

補足の接続表現は、前の事柄についての反対の内容の説明を付け加えることを示します。「**もっとも**」「**ただし**」などがあります。

例
犯罪は許されない。もっとも、同情の余地もある。
カモノハシは哺乳類だ。ただし、卵を産む。

POINT 3 転換──話題を変える

転換の接続表現が使われているとき、前後で話題が変わります。「**ところで**」「**さて**」「**では**」などがあります。

例
「昨日見に行った映画面白かったね。」
「ところで、さっきの授業のノート見せてくれない？」
さて、ここからは次の話題に移ろう。
では、今から会議を始めましょう。

例題

1 次の傍線部の接続表現の種類を、あとから選びなさい。

① 科学は役に立つ。ただし、危険もある。
② ところで、先日の話の続きをしませんか？
③ K助は勉強が苦手だ。もっとも、現代文はできる。
④ 犯人はあいつだ。なぜなら、アリバイが無い。
⑤ では、話を元に戻しましょう。

ⓐ 理由　ⓑ 補足　ⓒ 転換

① ② ③ ④ ⑤

例題の解答　**1**　①ⓑ　②ⓒ　③ⓑ　④ⓐ　⑤ⓒ

演習

1 次の文章の空欄にあてはまる語句を、あとから選びなさい。

[①]の接続表現には「なぜなら」「というのは」などがあり、前の[②]の[①]を示す。[③]の接続表現には「もっとも」「ただし」などがあり、前の事柄に[④]の内容を付け加えることを示す。[⑤]の接続表現が使われているときには前後で話題が変わる。[⑤]の接続表現には「ところで」「さて」などがある。

ⓐ 反対　ⓑ 補足　ⓒ 理由
ⓓ 転換　ⓔ 主張

① [　　] ② [　　] ③ [　　] ④ [　　] ⑤ [　　]

---

2 次の文章の空欄にあてはまる言葉を、あとから選びなさい。

人間は本当に自由な意志を持つのだろうか。この問題に対しては色々な立場があるが、自然科学の視点から考えると必ずしも人間に自由な意志があるとはいえないかもしれない。

[①]、人間は意識して何か行動を起こすのではなく、脳が何かしらの決断を下した後にその決断が「意志」として意識される、と考察できる実験結果が存在するからである。これは我々の感覚とは乖離《かいり》した結果のように感じられるが、科学的な知見を無視することはできない。[②]、だからと言って人間には自由な意志が全くないと断定されたわけではなく、現在議論の過程にあるということには留意しなければならない。

[③]、社会の仕組みを見てみると、人間が自由な意志を持つという前提のもとで社会は成り立っている。もし自由な意志を持たない、という結論に達した場合、社会はどのように変わってしまうのだろう。

ⓐ なぜなら　ⓑ ただし　ⓒ ところで

① [　　] ② [　　] ③ [　　]

✔ CHECK 24講で学んだこと

- □ 文章の中の接続表現を指摘できるようになった
- □ 理由、補足、転換の接続表現を判別できるようになった

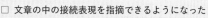

25講 具体例

具体例ってどう読んだらいいの？

▼ここからはじめる 論理的文章を読むときは「筆者の主張」をとらえる必要があります。「具体例」を発見したら、「具体例」の前後に「筆者の主張」があるのではないかと考えましょう。

POINT 1 具体例のとらえ方

1 マーカー

具体例は**例示**の接続表現と**まとめ**の指示語に注意して読むことで、とらえることができます。これらの接続表現や指示語は「**具体例のマーカー**」として覚えておきましょう。

具体例のマーカー
❶ **例示の接続表現**…「たとえば」
❷ **まとめの指示語**…「このような」「このように」「こういう」「そのような」「そのように」「そういう」

2 包摂関係

具体例にはマーカーがついていないものもあります。その場合には「**大きい話題**」→大きい話題に含まれる「**小さい話題**」（具体例）→小さい話題を含む「**大きい話題**」というように「**話題の大きさ**」に注意して具体例をとらえましょう。この含む関係のことを**包摂関係**といいます。

「大きい話題」→「小さい話題」→「大きい話題」

例 「教科」→「国語」→「教科」
「生き物」→「犬」→「生き物」

例題

1 次の文章から、具体例にあたる文を選びなさい。

ⓐ受験勉強を始めるときには計画を立てるべきである。ⓑたとえば、現代文の勉強をするときは、「三ヶ月で単語を覚える」であったり、「一ヶ月で文法を身につける」であったりと、内容と期間を決めてから始めるのだ。ⓒこのように計画を立てて勉強すれば、必ず成績はあがる。

手順1 **「具体例のマーカー」に丸を付ける**
「たとえば」や「このように」といったマーカーにチェックをつけながら読もう。

手順2 **具体例は（　）でくくる**
どの部分が「具体例」なのかを明らかにしよう。

手順3 **話題の大きさを確認する**
「受験勉強」→「現代文の勉強」→「勉強」

例題の解答 1 ⓑ

演習

1 次の文章の中の「具体例」を、（　）でくくりなさい。

① 数学上の難問といえども、数学者にしか理解できないものだけではない。たとえば、もっとも効率的にオレンジを積む方法の証明には、何百年もの時間がかかった。我々の身近なところにも、大きな問題が潜んでいるのだ。

② 雪は、水が固体となった姿である。春になると、山の雪は解け、液体となって川へ流れる。川の水は海へと流れ込み、太陽の熱によって蒸発し、気体となる。このように、水は姿を変えながら地球を循環している。

③ 科学は人類を豊かにしてきた。たとえば、電球の発明によって人類は夜にも活動できるようになった。一方で、科学は人類に悪影響を与えることもある。たとえば、冷蔵庫に使われたフロンガスはオゾンホールに穴を開けてしまった。開発した科学技術をどう扱うかという点についても、考えていくことが大切だ。

④ 本を読みたい場所は人によって違う。寝る前に枕元で読みたい人もいるし、公園でベンチに座って読みたい人もいる。一人一人好きな場所で本を楽しむのがいいだろう。

⑤ 数学で計算ミスをしたときは、その原因をしっかり考えるべきである。字が汚くて読み間違えてしまったのかもしれない。あるいは九九を間違えてしまっていたということも考えられるだろう。いずれにせよ原因を知ることで、次回以降のミスを減らすことができる。

⑥ 本棚には持ち主の性格や好みがよく表れる。図鑑が多い本棚の持ち主はきっと理科が好きだろう。分厚い本が多い本棚の持ち主は、忍耐力や集中力があるのかもしれない。人は本に影響されて生きていく。それゆえに、本棚は人間を映す一種の鏡になっているのである。

CHECK 25講で学んだこと

- □「具体例のマーカー」をチェックできるようになった
- □「具体例」を（　）でくくれるようになった
- □「筆者の主張」に線を引けるようになった

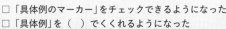

26講 体験談

どうして筆者は自分の体験を語るの？

▼ここからはじめる　文学的文章（随筆文）では筆者の言いたいことをとらえる必要があります。その多くは自分の体験が基です。体験談から導かれる筆者の思いを読み取りましょう。

POINT 1 時間に注意して体験談をとらえよう

体験談は筆者が言いたいことの基となっている「**体験**」を説明したものです。体験談は「**過去のこと**」であるので、「**時間を表す言葉**」に注意して、体験談をとらえましょう。

時間を表す言葉

❶ **過去の助動詞「た（だ）」**

例 昨日、現代文の勉強をした。

❷ **過去を表す言葉**

例 一年前、大学受験をすることを決心した。

POINT 2 体験談に導かれる言いたいことをとらえよう

体験談の後、「**筆者の言いたいこと**」が導かれます。体験談だけで理解するのではなく、その後の「**筆者の言いたいこと**」とセットにして、**体験談**の意味を理解するようにしましょう。

体験談の解釈

△（体験談）→ ◎筆者の言いたいこと。

例題

❶ 次の文章で筆者が最も言いたいこととして最も適当なものを、あとから選びなさい。

一年前、A子に、消しゴムを貸してあげた。その後、僕がテスト範囲を聞き漏らしたときに、A子が教えてくれた。

「情けは人の為ならず」とよく言うが、人にいいことをすると、いいことが自分に返ってくるのである。

ⓐ A子は優しい子だから、助けてあげよう。

ⓑ 人にいいことをすると自分に返ってくる。

手順1 **「体験談」を（　）でくくる**

どの部分が「引用」なのかを明らかにしよう。

手順2 **後ろに来る「筆者の説明」に線を引く**

「筆者の説明」と照らし合わせて「体験談」の意味を理解しよう。

例題の解答 ❶ ⓑ

演習

1 次の文章の中の「体験談」を、（　）でくくりなさい。

① 幼稚園の頃、遊んでいたボールを追いかけて車の前に飛び出してしまったことがある。幸い車が止まってくれたが、危うく大怪我をするところであった。そのとき以来、常に事故に気をつけて生きている。

② 中学生のとき、理科の実験でマッチをつけるのが好きだった。シュッと擦るだけで不思議と火がつくのが面白かったのだ。そのうちにマッチの火がつく原理に興味が湧いて、理科の勉強にのめり込むようになった。このときの体験が、私が科学者を目指す原点となった。

③ 昔、算数が得意だった。できない人を馬鹿にして、教えを乞われても無視していた。中学に入ると、算数は数学となり、途端に難しくなった。そのときやっと、困っている人の気持ちを理解することができた。
　それ以来、勉強について質問されたら優しく対応するようにしている。

④ 幼稚園のとき、ホテルの朝食がバイキング形式だったので、料理を山ほどお皿に盛って食べようとしたことがある。最初のうちは良かったが、途中から苦しくなって食事が楽しめなかった。「過ぎたるは及ばざるが如し」というように、何事も欲張り過ぎず程々にするのが良い。

⑤ 小学生の頃、友達とタイムカプセルを校庭に埋めた。大人になった後、同級生のみんなで掘り返そうとしたが、場所がわからない。結局タイムカプセルは見つからなかったが、久しぶりに集まったみんなで探すのが楽しくて満足してしまった。タイムカプセルは中身も大切だが、みんなで再び集まるきっかけになるという点でも大切なのだ。

⑥ 中学校の授業中、黒色は光を吸収し、白色は光を反射するということを学んだ。その後、所属しているテニス部のユニフォームを決めるとき、白色がいいのではないかと提案した。実際、白のユニフォームは太陽の光を反射し、熱を溜めないため、快適にプレーをすることができた。その結果、大会で良い成績を残すことができた。
　学校で学ぶ知識も、生活にかなり役立つものなのである。

✔ CHECK
26講で学んだこと

- □「時間を表す言葉」をチェックできるようになった
- □「体験談」を（　）でくくれるようになった
- □「筆者の言いたいこと」に線を引けるようになった

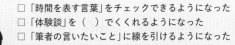

27講 比喩

どうして筆者はわざわざ言いたいことを別のことにたとえるの？

▼ここからはじめる　論理的文章でも文学的文章でも「比喩」は頻出です。読者がイメージしやすいように筆者は様々な「比喩」を試みます。「何を何にたとえているのか」に注意して読みましょう。

POINT 1 表現技法に注意して「比喩」をとらえよう

比喩は筆者の言いたいことを別のものにたとえて、より具体的にイメージしやすくする表現技法です。比喩には**直喩・隠喩・擬人法**など様々な種類があるので、よく出てくるものは覚えておきましょう。

比喩の種類

❶ **直喩**（明喩）…「ような」「みたいな」を使った比喩
例 彼女は太陽のような笑顔をみせる。

❷ **隠喩**（暗喩）…「ような」「みたいな」を使わない比喩
例 ガラスのハートが砕け散った。

❸ **擬人法**（活喩）…人でないものを人にたとえる比喩
例 僕の机が笑った。

POINT 2 比喩を用いて言いたいことをとらえよう

比喩は筆者が言いたいことをイメージしやすく表現したものです。比喩を見つけたら、「**もともと筆者は何を言いたかったのか**」を比喩を用いない形でとらえ直すようにしましょう。

比喩の解釈

△（比喩）→ ◎筆者の言いたいこと。

例題

❶ 次の文章で筆者が最も言いたいこととして最も適当なものを、あとから選びなさい。

雨だれ石をも穿《うが》つように勉強すれば、必ず結果が出る。つまり、わずかな時間であっても継続的に勉強していれば、大学入試は必ず突破できるということだ。

ⓐ 雨だれ石をも穿つように勉強すれば、必ず結果が出る
ⓑ わずかな時間であっても継続的に勉強していれば、大学入試は必ず突破できる

手順1 「比喩」を（　）でくくる
どの部分が「比喩」なのかを明らかにしよう。

手順2 前後にある「筆者の言いたいこと」に線を引く
「筆者の言いたいこと」をとらえよう。

例題の解答 ❶ ⓑ

演習

1

次の文章の中の「比喩」を、（　）でくくりなさい。

① 学校で、ニュートンという人の業績について学んだ。私も、ニュートンのような偉大な科学者になりたい。つまり、世界を変えるような重大な発見をしたいということである。

② 「人間は考える葦《あし》である。」という有名な言葉がある。葦とは水際に生える植物で、動物によって折られてしまうこともある。同じく、人間は自然界ではか弱い存在である。しかし、「考える」ことができる点においてとても偉大なのである。

③ 私はプールが苦手である。私の上に水がのしかかって、溺れさせてくる気がするのだ。だから、プールの時間はいつも憂鬱だった。しかし、夏は好きだ。太陽の眩《まぶ》しい光が、「がんばれ！」と応援してくれる気がするからだ。

2

次の文章の「比喩」を、（　）でくくり、「言いたいこと」に線を引きなさい。

① アイスは爽《さわ》やかさの結晶だ。夏の暑い日も、冬の寒い日も一年中楽しめる食べ物である。アイスを食べると清々しい気持ちになって、また頑張ろうと思える。

② 小説は私たちの先生のようなものだ。夏休みや冬休みには、読めるだけ読んでみた方がいい。他の人の人生が、思いが、小説には書かれている。小説を読むことで、私たちは心を豊かにする方法を学んでいくことができるのである。

③ 幼稚園児に火の絵を描かせると、単純に赤で描く子が多い。しかし、実は火の色は一つだけではなく、私たちに様々なことを教えてくれる。ナトリウムを入れた火は、黄色になる。ガスバーナーを使うとき、空気とガスの比が適切かは、火の色が青くなっているかで判断できる。同じ火といえども、その色を観察することで様々なことがわかるのだ。

✔ CHECK
27講で学んだこと

- □「表現技法」をチェックできるようになった
- □「比喩」を（　）でくくれるようになった
- □「筆者の言いたいこと」に線を引けるようになった

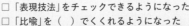

28講 論証[1]

どうして筆者は主張の根拠を説明するの？

▼ここからはじめる　論理的文章の中で最も重要な「説得術（レトリック）」が「論証」です。筆者の主張は一般的な常識とは異なるものであることが多いため、筆者は主張の根拠を説明するのです。

POINT 1 接続表現を見つけて論証をとらえよう

論証とは**「根拠を述べて主張を導くこと」**です。論証は**「順接・理由の接続表現」「主張の表現」**に注意することでとらえることができます。接続表現にチェックをつけながら読んでいきましょう。

論証をとらえるための接続表現

❶ **順接の接続表現**…「だから」「したがって」「ゆえに」「それゆえ」「よって」「それで」「そこで」「すると」
❷ **理由の接続表現**…「なぜなら」「というのは」
❸ **主張の表現**……「〜のために〜が重要だ」「〜のために〜すべきだ」

POINT 2 論証の形から筆者の主張をとらえよう

論証には「**根拠**。**したがって**、**主張**」と「**主張**。**なぜなら**、**根拠**」という形があります。この形を見つけたら**根拠と筆者の主張**をとらえましょう。

論証の形

○根拠 → ◎筆者の主張

◎筆者の主張 → ○根拠

例題

❶ 次の文章での筆者の主張として最も適当な文を選びなさい。

ⓐ文章を読んで「筆者の主張」をとらえようとするときには、「論証」という形に注意することが重要である。ⓑなぜなら、「論証」は「根拠」を述べて「主張」を導くものであり、その形に注意することで筆者の主張をとらえることができるからである。

手順1 **「順接・理由の接続表現」に丸を付ける**
接続表現にチェックを付けながら読もう。

手順2 **「主張の表現」に丸を付ける**
主張の表現にチェックを付けながら読もう。

手順3 **前後にある「筆者の主張」に線を引く**
「筆者の主張」をとらえよう。

例題の解答　❶ ⓐ

演習の解答 ➡ 別冊P.32

演習

1

次の文章の中の「順接・理由の接続表現」と「主張の表現」に丸を付けなさい。

① 自分にできる範囲で、なるべく人には優しくするべきだ。なぜならば、「情けは人の為ならず」と言うように、自分が困ったときに今度は自分が助けてもらえるからである。ただし、自分の限界を超えて過度に人を助けるのは控えるのが良い。

② 学校で学ぶ教科のうち、最も重要な教科とは何だろうか。どんな教科でも教科書を読むことは学校の勉強の基本となる。よって、教科書を読む能力は勉強していく中で非常に大事になる。それゆえ、ものを読む力を身につける現代文は、学校で学ぶ教科の中で最も重要な教科と位置付けるべきだ。

③ 理科を得意教科にするには、教科書の内容を身の回りの現象に応用して考えることが重要である。なぜならば、学んだ理論を使って自然現象を解析する力が磨かれるからである。たとえば、物理では水滴の落下速度が一定に落ち着いていくことを学ぶ。これを応用することで、小さな虫が高いところから落ちても無事な理由を考えることができる。

2

次の文章の中の「筆者の主張」に、傍線を引きなさい。

① 幸福は、自分の中に見つけるべきだ。なぜなら、他人との相対評価をしていては、いつまでも自分より上の人間が見つかるからだ。それを続けていては、いつまでも幸福には辿《たど》り着けない。

② 自分の好きなものや大事なものを自覚することは重要だ。なぜなら、人生における重要な選択の際には、それらが判断の基準になってくれるからだ。たとえば興味のある学問の自覚は進路の選択に役立つ。大人になる過程を通じて、少しずつ探していけると良いだろう。

③ 英語学習の際に単語帳を利用する者は多い。しかし、単語の小テストで正解しただけで語彙が身についたとは言えない。母語を習得したときのことを思い出そう。語彙は会話や読書の中で培われていくものだ。それゆえ、英語の学習の際には会話をしたり英語のニュースを見聞きしたりして、覚えた単語を活用する機会を作るべきだ。

✔ CHECK 28講で学んだこと

- □「順接・理由の接続表現」をチェックできるようになった
- □「主張の表現」をチェックできるようになった
- □「筆者の主張」に線を引けるようになった

29講 論証 2

接続表現がない場合はどうやって論証をとらえたらいいの？

▼ここからはじめる 論理的文章で重要な「論証」ですが、いつでも「マーカー」があるとは限りません。そこで「主張」や「根拠」の本質的な形を理解することで、「論証」をとらえましょう。

POINT 1 筆者の主張の「飛躍」をとらえよう

一般的な考え方をくつがえす筆者の主張には**飛躍**があります。**論証**をとらえるために、まず**「主張の飛躍」**をとらえましょう。

「飛躍」の形
❶ **主語（部）→述語（部）** 例 大学受験は、簡単だ。
❷ **修飾語（部）←被修飾語（部）** 例 簡単な大学受験。
❸ **接続語（部）→文** 例 風が吹けば、桶屋が儲かる。

POINT 2 「飛躍を埋める説明」をとらえよう

「**飛躍**」は「**A→X**」というように説明が飛んでいます。その「**飛躍を埋める説明**（**Aの説明**）」が**根拠**となります。

論証の形
A→X 例 大学受験は、簡単だ。
↑
Aの説明 例 大学受験は勉強さえすれば、誰でも合格できる。

例題

❶ 次の文章の傍線部の根拠にあたる文として最も適当なものを、選びなさい。

受験勉強をするときに最も重要なことは、学習計画を立てることである。ⓐ受験勉強をするときはやることがとても多く、計画がないと何をやるかで悩んで一向に勉強が進まない。ⓑたとえば、「英単語も気になる」「古文もやらなきゃ」「古文単語と古典文法のどちらを重点的にやればいいんだろう」などと悩んでいるうちに日が暮れてしまうのだ。

手順1 **「飛躍（A→X）」を見つける**
「受験勉強」→「学習計画」に飛躍がある。

手順2 **「飛躍を埋める説明（Aの説明）」を見つける**
「受験勉強」の説明をしている文を探す。

例題の解答 ❶ ⓐ

演習の解答 ➡ 別冊P.33

演習

1

次の文章の中の「主張」にあたる文として最も適当なものを、選びなさい。

① ⓐ私にとって高校時代の思い出は一生の宝物だ。ⓑなぜなら、様々な活動を通して、自分自身が大きく成長できたからだ。ⓒその中で、最も大きく成長できたのは部活動と文化祭だ。

② ⓐ私はこれまで多くの国を旅してきた。ⓑそれらの国で感じた、最も重要なことは、それぞれの文化を尊重することだ。ⓒ文化があるからこそ、食事の作法があり、住居の様式がある。ⓓその文化を大切にすることで、私は多くの人々と関わることができた。

③ ⓐ私はこれまで感染症について詳しく研究してきた。ⓑ私が思うに、麻疹（はしか）は最も厄介な感染症だ。ⓒその理由として、感染力が非常に強く、症状が重くなりやすいことが挙げられる。ⓓ時として死につながる危険な感染症だ。ⓔしかし、ワクチンを打つことで、免疫を獲得し、麻疹の予防につながる。

①
②
③

2

次の文章の中の「主張」と「根拠」にあたる文として最も適当なものを、選びなさい。

① ⓐ人生は、冒険である。ⓑなぜなら、誰にも予想できないことがたくさん起こるからだ。ⓒそんな予想外な出来事が、大きな分岐点になることも大いにあり得る。

② ⓐ勉強において読解力は必須だ。ⓑその理由として、出題者が何を求めているのかを読み取る力が必要であるということが挙げられる。ⓒ読解力は国語だけではなく、数学の文章題や歴史の論述問題に解答するにも必要だ。

③ ⓐ私は、海が好きだ。ⓑ海は、とても神秘的だ。ⓒなぜなら、地球の表面積において海が占める割合が大きいうえ、目に見えない部分が大きいため、不思議なことが多いからだ。ⓓ皆さんにもその世界の魅力を知ってもらいたい。

① 主張 ・ 根拠
② 主張 ・ 根拠
③ 主張 ・ 根拠

✔ CHECK 29講で学んだこと

- □ 主張の「飛躍」をチェックできるようになった
- □「飛躍を埋める説明」をチェックできるようになった
- □「筆者の主張」に線を引けるようになった

30講 問題提起

どうして筆者は疑問文をつかうの?

▼ここからはじめる 筆者は主張や言いたいことを伝えるために文章を書いています。読者の注意を引きつけるためにあえて疑問を提示し、みずから回答します。その答えこそが筆者の主張です。

POINT 1 疑問文が出てきたら「問題提起」と考える

問題提起とは、あえて読者に疑問を投げかけることで読者の注意を引く方法です。**疑問文**が出てきたら問題提起ではないかと考えましょう。

「疑問文」の形

❶ **疑問の終助詞「か」**

例 現代文において文法は重要なのだろうか。

※「だろう」という推量とセットで出てくることが多い

※「〜ではないだろうか」は反語で「〜だ」という意味が多い

POINT 2 「疑問文の答え」をとらえよう

問題提起で**疑問文**を投げかけた後で、筆者がその疑問に対して「**答え**」をいいます。その「答え」が「**筆者の主張**」です。

「問題提起」の読み方

疑問文 例 現代文において文法は重要なのだろうか。

↓

答え 例 現代文において文法はとても重要だ。

例題

❶ 次の文章の筆者の主張にあたる文として最も適当なものを、選びなさい。

ⓐ大学受験の現代文の勉強で重要なのは何であろうか。ⓑそれは「文法」「レトリック」といったルールを学び、ルールに従って読むトレーニングである。ⓒなぜならば、ルールを知らない状態でいくら読んでも、まだ読んだことのない文章を読むときに活かせないからである。

手順1 **「疑問文」を見つける**

「大学受験の現代文の勉強で重要なのは何であろうか」は「疑問文」である。

手順2 **疑問文の「答え」を見つける**

「疑問文」の後ろに「答え」がある。

例題の解答 ❶ ⓑ

演習の解答 ➡ 別冊P.34

演習

1 次の文章の中の「主張」にあたる文として最も適当なものを、選びなさい。

① ⓐ海外旅行をする際、最も大切なことは何だろうか。ⓑ様々な意見があるだろうが、私は異文化理解だと考える。ⓒ私の体験であるが、その国の文化を理解しなかったことでコミュニケーションすらままならないことがあった。

② ⓐ英語を学ぶことは重要なのだろうか。ⓑ私は重要であると感じている。ⓒなぜなら、英語は世界共通の言語と言っても過言ではないからだ。ⓓ英語を学ぶことによって、世界中の人とコミュニケーションをとれるようになるだけでなく、世界中の情報にアクセスすることが可能になるのだ。

③ ⓐ以前、五歳になる息子に次のことを聞かれたので、皆さんにも投げかけたい。ⓑルールを守る必要はあるのか。ⓒルールは守る必要がある。ⓓなぜなら、ルールとは人々がぶつかり合った結果、多くの人が納得して生まれた共存手段だからだ。

①

②

③

---

④ ⓐ子どものスマホ依存はなぜ起こるのだろうか。ⓑ子どもの好奇心が主な理由として引き起こされると考える人もいる。ⓒしかし私は、親にこそ大きな原因があると考える。

⑤ ⓐ私たち人間にとって睡眠は大切だ。ⓑでは、適切な睡眠時間はどのくらいなのだろうか。ⓒ一般的に七時間と言われている。ⓓしかし私は、性別、年齢、日中の活動による疲労度など人それぞれだと思う。

⑥ ⓐ大昔、地球には恐竜がいたと言われているが、絶滅してしまった。ⓑなぜ、恐竜は絶滅したのだろうか。ⓒこれには様々な説がある。ⓓ多くの専門家は、巨大隕石の衝突が原因と考えている。ⓔけれども私は、急な気候変動によるものだという説を推したい。

①

②

③

④

⑤

⑥

✔ CHECK
30講で学んだこと

□「疑問文」をチェックできるようになった
□ 疑問文の「答え」をチェックできるようになった
□「筆者の主張」に線を引けるようになった

31講 引用

どうして他者の文章をもってくるの？

▼ここからはじめる　筆者は自分の主張を裏付けるためにさまざまな「説得術（レトリック）」を用います。その一つの「引用」は、「主張」の根拠や具体例などの様々な役割を果たします。

POINT 1 引用のとらえ方―「形式」

引用は筆者の文章のなかに「**他者の文章**」を組みこんだものです。通常は「**一行空けて、一段下げて始まる**」のが特徴です。引用は筆者の主張の**根拠・具体例・反対意見**といった働きをしています。

引用の目印
筆者の文章
引用の文章（一行空けて、一段下げる）

POINT 2 引用のとらえ方―「解釈」

引用はその後の文章で「**筆者の説明**」が書かれます。「引用」だけで理解するのではなく、その後の「**筆者の説明**」と照らし合わせて、「引用」の意味を理解するようにしましょう。

引用の説明
引用の文章（一行空けて、一段下げる）
筆者の説明

例題

1 次の文章の傍線部が表していることとして最も適当なものを、あとから選びなさい。

松尾芭蕉は次のような句を読んだ。

旅に病んで　夢は枯野を　駆け巡る

この句は旅先で病床にあってなお、旅を愛する芭蕉の生き様を表している。

ⓐ 病に倒れてしまうほどの芭蕉の旅の過酷さを表している。
ⓑ 旅先で病床にあってなお、旅を愛する芭蕉の生き様を表している。
ⓒ 夢にまで見るほどの枯野を駆け巡る楽しさを表している。

手順1 「引用」を（　）でくくる
どの部分が「引用」なのかを明らかにしよう。

手順2 後ろに来る「筆者の説明」に線を引く
「筆者の説明」と照らし合わせて「引用」の意味を理解しよう。

例題の解答　**1** ⓑ

演習

1 次の文章の中の「引用」にあたる文として最も適当なものを、選びなさい。

① ⓐ切羽詰まった状況では、落ち着いて行動するのが良い。
ⓑ急がば回れ
ⓒということわざでは、急いで行動するとかえって失敗するため、ゆっくりでも着実な道を選んだほうが良いということが言われている。

② ⓐ言論や思想の力は、時に武力を大きく上回って民衆に影響を与える。
ⓑペンは剣より強し
ⓒこの言葉は、時として暴力よりも言論の方が大きな力を持つということを表現している。

③ ⓐドイツのオットー・ビスマルクは以下のような言葉を残した。
ⓑ愚者は経験に学び、賢者は歴史に学ぶ。

ⓒこの言葉は、愚者は自分の経験からしか学ばないが、賢者は自分の経験からだけでなく、他人の経験からも学ぶという意味として理解できる。

① [ ] ② [ ] ③ [ ]

2 次の文章の中で、「引用」についての「筆者の説明」として最も適当なものを、選びなさい。

① ⓐある選択を迫られたとき、私たちは、どうするのが良いのだろうか。ⓑ画家の岡本太郎は以下の言葉を残している。
ⓒ私は、人生の岐路に立ったとき、いつも困難な方の道を選んできた。

ⓓこれは、何か迷ったときには困難な選択をしてきたということであるが、こうすることで、人生の困難な道を選んだ自分に自信が持てるのだろう。

② ⓐ科学の進歩とは、どのようなものだろうか。ⓑたとえば、アイザック・ニュートンは以下のような言葉を残した。
ⓒもし私が遠くを見通せるのだとしたら、それは巨人の肩の上に乗っていたからだ。

ⓓこれは、先人たちが積み重ねてきた業績を基に、新たな発見をしたということを言っている。ⓔ現代科学の業績も例外ではない。

① [ ] ② [ ]

✔ CHECK 31講で学んだこと

- □「引用」を（　）でくくれるようになった
- □ 引用の「説明」にチェックできるようになった
- □「引用」の働きを明らかにできるようになった

32講 譲歩

どうして筆者の反対意見をもってくるの？

▼ここからはじめる 筆者は自分の主張を伝えるためにあえて「反対意見」に一歩譲ることがあります。このような場合は、どこかで筆者の主張に転換するのではないかと考えて読んでいきましょう。

POINT 1 「譲歩」のマーカーに注意しよう

譲歩は「**筆者の主張とは反対の意見に対して一歩譲る**」というレトリックです。譲歩には目印となる「マーカー」があることが多いので、チェックするようにしましょう。

譲歩のマーカー

「確かに」「もちろん」「なるほど」「むろん」（反対意見）

↓

「逆接（しかし）」（筆者の主張）

POINT 2 「譲歩」に注意して筆者の主張をとらえる

譲歩を読むときは一歩譲った反対意見から、「**筆者の主張**」に転換するところが重要です。譲歩を利用して筆者の主張をとらえましょう。

譲歩から筆者の主張をとらえる

△ 確かに〜かもしれない。（反対意見）

↓

◎ しかし、〜だ。（筆者の主張）

例題

1 次の文章の傍線部に「相手に意見を聞いてもらう」とあるが、そのためにはどうしたらいいと筆者は考えているか。最も適当なものを、あとから選びなさい。

相手に意見を聞いてもらうにはどうしたら良いだろうか。確かに、自分の意見を言い続けることも効果的かもしれない。しかし、相手の気持ちも考えて、一歩譲って相手の立場も理解していることを伝えることが、最も効果的なのである。

ⓐ 自分の意見を言い続ける。

ⓑ 相手の立場も理解していることを伝える。

［　　］

手順1 「**マーカー**」「**逆接**」**に丸を付ける**

まずはチェックを付ける。

手順2 「**譲歩**」**を（　）でくくる**

譲歩の部分は重要ではない。

手順3 **後ろに来る「筆者の主張」に線を引く**

「筆者の主張」をとらえよう。

例題の解答 **1** ⓑ

演 習

1 次の文章の「筆者の主張」にあたる文として最も適当なものを、選びなさい。

① ⓐＳＮＳが普及し、多くの人が自分の考えを発信している。ⓑ確かに、この普及で、自由に考えを発信できるようになった。ⓒしかし、匿名であるがゆえに心ない発言も増えているので注意が必要だ。

② ⓐ経済学はお金稼ぎのための学問なのだろうか。ⓑ確かに、「経済」といえば、お金を想起する人も多いだろう。ⓒ実際、間接的にはお金稼ぎのための知識を得ることになるのかもしれない。ⓓしかし、経済学は本来、人を救うための学問である。

③ ⓐスマホは勉強に役立たないのだろうか。ⓑ近年、スマホを持つ子どもの学力低下が叫ばれている。ⓒ確かに、スマホには魅力的なアプリが多い。ⓓそれらのアプリの誘惑に負け、時間を取られているのかもしれない。ⓔしかし、アプリの中には勉強に役立つものもあり、それを有効活用できるのではないか。

④ ⓐ自動運転の車を普及させた方が良いだろうか。ⓑ自動運転ならば、運転手の負担が大幅に減るだろう。ⓒしかし、万が一事故が起きたとき、責任は誰が取るのか難しいので、自動運転の導入には慎重になるべきだ。

⑤ ⓐＡＩによる翻訳機能が発達しているが、外国語学習は必要ないのだろうか。ⓑ優秀な翻訳機能により、語学力が低くても、ある程度の外国語の文章を作成できる。ⓒ外国語の文章を日本語に変換することも可能である。ⓓだが、細かいニュアンスを表現したり、理解するためには、深い外国語学習が必要だと考える。

⑥ ⓐオンライン授業はデメリットばかりなのだろうか。ⓑオンラインだと授業前後のコミュニケーションがとりづらいことがある。ⓒ孤独に感じる人もいるだろう。ⓓ語学やスポーツの授業では実施の難しさもある。ⓔしかし、移動時間の削減や、授業参加枠の拡大などのメリットも多い。

① ② ③ ④ ⑤ ⑥

✔ CHECK
32講で学んだこと

- □「マーカー」「逆接」に丸を付けられるようになった
- □「譲歩」を(　)でくくれるようになった
- □「筆者の主張」に線を引けるようになった

33講 心情の基本（単純な心情）

登場人物の心情って見えないけどどうとらえたらいいの？

▼ここからはじめる　文学的文章を読む時は「登場人物の心情」をとらえる必要があります。心情が発生する「原因」と、心情の「結果」の行動や反応、発言から心情をとらえましょう。

POINT 1 心情の「原因」と「結果」をとらえよう

心情は「**心情を表す語**」に注意することで、とらえることができます。まずは「**プラス心情**」なのか「**マイナス心情**」なのかを考え、その心情が発生した「**原因**」と「**結果**」をとらえましょう。

心情の基本形

原因　「出来事」「事件」など
↓
心情語　「嬉しい」「悲しい」など
↓
結果　「行動」「反応」「発言」など

POINT 2 見えない心情も「原因」「結果」から推察

心情は見えないものなので、直接書かれていない場合もあります。その場合は「**原因**」と「**結果**」から「**心情**」を推察しましょう。

心情の推察

原因　例　テストで百点をとった（出来事）
↓
心情語　例　？？？　→　「嬉しい」（プラス心情）
↓
結果　例　飛び跳ねた（行動）

例題

1 次の文章の傍線部に「K助は思わず涙を流した」とあるが、このときのK助の心情として最も適当なものを、あとから選びなさい。

K助が学校に行くと、周囲がざわめいていた。ある掲示物にみんなが注目していた。その掲示物にはテストの校内順位が張り出されていた。一位はK助であった。

K助は思わず涙を流した。

ⓐ 悲しい　ⓑ 悔しい　ⓒ 嬉しい

［　　］

手順1 **傍線部が「原因」「心情」「結果」のどれか確認する**

「人物」を中心に考えよう。

手順2 **傍線部が「心情」「結果」ならば、「原因」をつかむ**

直接の「原因」は直前に書いてあることが多い。

例題の解答　1　ⓒ

演習の解答 ➡ 別冊P.37

演習

1

次の文章の傍線部に「涙をこぼした」とあるが、このときの「オレ」の気持ちとして最も適当なものを、あとから選びなさい。

甲子園への切符を懸けた一戦。9回裏2アウト1・3塁、2ボール1ストライク。一打出ればサヨナラ勝ちの場面で、オレはバッターボックスに立っている。一つ大きく深呼吸をし、バットを構える。狙い球はストレート。相手ピッチャーが振りかぶって、投げた。来た。オレは強振した。確かな手ごたえもあった。打球は前進守備の内野の間を抜け、外野まで転がっていく。勝った。人生で一番嬉しい瞬間だった。思わずオレは涙をこぼした。

ⓐ 大事な場面で自分の番が回ってきたので、緊張に耐えられない気持ち。
ⓑ 大事な場面で打つことができたため、とても嬉しい気持ち。
ⓒ 大事な場面で打つことができたが、負けた相手チームのことを思うと悲しい気持ち。

2

次の文章の傍線部に「声をあげてしまった」とあるが、このときの「俺」の気持ちとして最も適当なものを、あとから選びなさい。

隣の席のトモヤは、親友でありライバルでもある。この高校に入学してから、部活も一緒、そしてクラスもずっと一緒だ。今日は定期テストの結果が返される日。負けたほうがラーメンを奢《おご》るという賭《か》けをして、いつものように俺はトモヤと点数を競っていた。まず、俺が先生に呼ばれる。四三五点。悪くない。暫くしてトモヤが呼ばれた。お互いに見せ合う。トモヤ、四三六点。俺は思わず声をあげてしまった。今回は自信があったのに……

ⓐ 今回の定期テストもトモヤといい勝負ができたので、嬉しい気持ち。
ⓑ 定期テストの結果であと一歩トモヤに届かなかったが、いい点数は取れたので、満足する気持ち。
ⓒ 定期テストの結果で惜しくもトモヤに負けてしまい、悔しい気持ち。

✔ CHECK
33講で学んだこと

□「心情を表す語（心情語）」をチェックできるようになった
□「原因」に線を引けるようになった
□「原因」と「結果」から「心情」を推察できるようになった

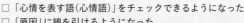

34講 心情の応用1（心情の変化）

心情って場面が変わったら変化するの？

▼ここからはじめる 登場人物の心情はずっと同じとは限らず変化することも多いです。そのような「心情の変化」は入試でもよく問われるポイントなので、とらえられるようになりましょう。

POINT 1 心情の「変化」をとらえよう

心情はあることをきっかけにプラス心情からマイナス心情へ（あるいは、マイナス心情からプラス心情へ）と変化します。これが「**心情の変化**」です。「**心情Aから心情Bへの変化**」と「**変化の原因**」をとらえましょう。

心情の変化

心情A　例 テストで0点をとってK助は悲しかった。
↓
変化の原因　例 しかし、そのテストの答案はA太のもので、K助のテストは百点だった。
↓
心情B　例 K助は嬉しくなった。

POINT 2 心情の変化は「変化を表す表現」に注意

心情の変化は心情Bの部分に「**変化を表す表現**」がある場合が多いです。ですから、変化を表す表現があったら、心情の変化なのではないかと考えましょう。

変化を表す表現…「〜になった」「〜が変わった」など

例題

1 次の文章の傍線部のK助の心情として最も適当なものを、あとから選びなさい。

テストで一位をとって嬉し泣きしているK助のところにA子が現れて言った。
「私よりも上位になるなんて許せない。K助なんて嫌いよ」
K助は再び涙を流しだした。

ⓐ テストで一位をとって、嬉しいという気持ち。
ⓑ テストで一位をとり嬉しく思っていたが、A子から嫌われてしまい、悲しいという気持ち。

手順1 **傍線部に「変化を表す表現」があったら「心情の変化」と考えよう**
「再び〜しだした」に注意しよう。

手順2 **「変化の原因」をとらえよう**
「心情B」の直前に「変化の原因」があることが多い。

例題の解答 1 ⓑ

演習の解答 ➡ 別冊P.38

演習

1 次の文章の傍線部の「ひろし」の心情として最も適当なものを、あとから選びなさい。

ひろしは泣きそうになっていた。大事に飼っていたカブトムシがケースから居なくなっていたからだ。以前飼っていたクワガタムシが脱走したことがあった。数日後ベッドの下で仰向けになって死んでしまっていたのをひろしは見つけた。その経験から、ひろしはカブトムシが死んでしまうのではないかという不安に駆られていた。探す協力者を呼ぼうと、部屋を飛び出して階下に向かった。すると、茶の間で弟がカブトムシを眺めているのに気がついた。ひろしのカブトムシだった。ひろしは弟の笑顔と、カブトムシの安全を確認し、胸を撫《な》で下ろした。

ⓐ カブトムシが居なくなり不安だったが、弟が連れ出していたことを知り、怒りを抑えられない気持ち。

ⓑ カブトムシが見つからず不安だったが、弟が連れ出していたことを知り、安心してほっとする気持ち。

ⓒ カブトムシが居なくなり不安だったが、部屋を探しても見つからなかったので、さらに心配でいっぱいな気持ち。

2 次の文章の傍線部の「たかし」の心情として最も適当なものを、あとから選びなさい。

部活動の帰り道、たかしは友人の前で苦し紛れに作り笑顔をしてみせた。その日の部活中、たかしは調子が悪く、ミスを連発して、他のメンバーに迷惑をかけていた。自分のせいで、部活のみんなを困らせている。きっと、みんなは自分に居て欲しくないと思っているだろう、とたかしは想像し、落ち込んでいた。すると、部活の友人の一人が、たかしの肩をたたいて、「気にするな」と声をかけた。たかしが顔を上げると、周りの皆もうなずいていた。たかしは胸の奥が熱くなるのを感じ、今度は自然と笑みを浮かべていた。

ⓐ 部活動で調子が悪く落ち込んでいたが、友人が気を遣って言ってくれた言葉を素直を受け入れられず、自暴自棄になる気持ち。

ⓑ 部活動で調子が悪く落ち込んでいたが、悪い想像ばかり膨らみ、どんどん元気がなくなっている気持ち。

ⓒ 部活動で調子が悪く落ち込んでいたが、友人が温かい言葉をかけてくれたことで、元気が湧いている気持ち。

✔ CHECK 34講で学んだこと

□「変化を表す表現」をチェックできるようになった
□「心情A」と「心情B」に線を引けるようになった
□「変化の原因」に線を引けるようになった

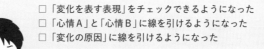

35講

原因と心情がつながらない場合はどうしたらいいの？

心情の応用２（結合原因の心情）

▼ここからはじめる　心情には必ず原因があるのですが、「原因」と「心情」のつながりが理解できない場面もあります。その場合には「特殊事情」があるのではないか考えると、心情を理解できます。

POINT 1 原因と心情の「飛躍」をとらえよう

心情は「**原因**」があって発生しますが、その「**原因**」と「**心情**」が一見すると**飛躍**している場合があります。その場合は登場人物の**特殊事情**が隠されていると考えて探しましょう。

原因と心情が飛躍している場合

原因　例　K助はテストで0点をとった。
↓ 飛躍
心情　例　K助は嬉しかった。（なんで？）

POINT 2 結合原因の心情は「特殊事情」をさがそう

結合原因の心情は「原因A（出来事、事件）」と「原因B（特殊事情）」がセットになって、ある心情を発生させる形です。原因と心情に飛躍があった場合には、二つの原因をとらえましょう。

結合原因のとらえ方

原因A　例　K助はテストで0点をとった。
↓ 飛躍
心情　例　K助は嬉しかった。（なんで？）
↑
原因B　例　K助が好きなA子は「頭の良い人は嫌い」と言っていた。

例題

1　次の文章の傍線部のK助の心情として最も適当なものを、あとから選びなさい。

　マラソン大会が始まった。K助は快調に走っていた。ところが、折り返し地点を過ぎたあたりで、好調のA太に抜かれた。K助の顔から笑みがこぼれた。
　三ヶ月前、優勝候補のA太は怪我をしてしまった。一番練習をしてきたA太とマラソン大会で競えなかったら残念だとK助は思っていた。

ⓐ A太に抜かれてしまって、悔しい。
ⓑ A太と競うことができて、嬉しい。

□

手順1　傍線部が「原因」「心情」「結果」のどれなのかを確認する
傍線部は「心情」か「結果」であることが多い。

手順2　傍線部が「心情」か「結果」ならば、「原因」をとらえる
「原因A（出来事、事件）」は直前、「原因B（特殊事情）」は後ろの回想シーンやセリフに表れることが多い。

例題の解答　1　ⓑ

演習

1 次の文章の傍線部の「僕」の心情として最も適当なものを、あとから選びなさい。

　今日、僕たち野球部は部活を引退した。強豪校相手に三対七、完敗だった。試合前は、応援に来た親に涙を見られるのは恥ずかしいので、たとえ負けても泣かないようにしようと思っていた。しかし、試合後に対戦相手との挨拶をした直後、親の泣いている顔を見ると、あふれる涙を堪えることができなかった。ただ、球場を出る頃には、僕は曇りのない笑みを浮かべていた。

　先輩が引退してからのこの一年間、時にはぶつかりながらもみんなで必死に努力してきた。試合には負けてしまったけれど、その成果は充分に出せたような気がした。引退試合を通じて、今までの人生で一番の充実感を感じることができたのだ。胸を張って引退し、後輩に代を引き継ごうと思う。

ⓐ 一年間の努力の成果を出せたので、引退試合自体には負けてしまったが、充実感を感じ満足している気持ち。
ⓑ 引退試合に負けてしまい、一年間の成果は出せたものの、やはり悔しいという気持ち。
ⓒ 嫌々やってきた部活をやっと引退できて嬉しい気持ち。

---

2 次の文章の傍線部「私」の心情として最も適当なものを、あとから選びなさい。

「Bさんはまた放課後に補習をしましょう。」化学の実験の時間の最後、先生が言ってきた。いつものことなのだが、私一人だけ手際が悪く時間内に実験を終わらせることができなかったのだ。みんながいつものように気の毒そうな視線を向けてくる。私はその視線から逃れるように下を向く。しかし、顔には笑みがこぼれていた。

　放課後、授業中に終わらせなくてはならなかった分の実験をなんとか終わらせると、私は恒例となっている一言を言う。「もっと面白い実験も見せてもらえませんか？」先生は楽しそうな顔をして、「仕方ないわねえ」と笑うと、高価なため授業では扱えない薬品や金属を持ってきた。クラスで私しか見られない薬品の反応や美しい結晶を眺めながら、こんなに珍しく面白い実験を見せてもらえて幸せだなと考えていた。

ⓐ 放課後の補習では珍しい実験を見せてもらえるが、補習を受けるのはやはり嫌だと思う気持ち。
ⓑ 補習のために部活をサボることができて喜ぶ気持ち。
ⓒ 放課後の補習では珍しく面白い実験を見せてもらえるので、補習を受けることを喜ぶ気持ち。

✔ CHECK
35講で学んだこと

□「原因と心情の飛躍」をチェックできるようになった
□「原因A（出来事、事件）」に線を引けるようになった
□「原因B（特殊事情）」に線を引けるようになった

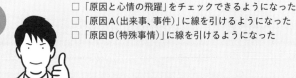

36講 複雑な心情ってどうとらえたらいいの?
心情の応用3(心情の交錯)

▼ここからはじめる 前回は心情把握の基本を学びました。今回は「複雑な心情」のとらえ方を学びましょう。「複雑」とはいえ二つの形だけなので、覚えていれば必ずとらえることができます。

POINT 1 相反する「二つの心情」をとらえよう

心情は一つだけとは限りません。ときとして相反する二つの心情が同時に存在することもあります。そのような状態を**心情の交錯**といいます。

心情の交錯

心情A　プラス心情　「嬉しい」など

＋

心情B　マイナス心情　「恥ずかしい」など

POINT 2 それぞれの心情の「原因」をとらえよう

心情の交錯の場合、「心情A」と「心情B」がありますが、それぞれに別の原因があります。**「心情Aの原因A」、「心情Bの原因B」**とそれぞれ分けてとらえましょう。

それぞれの原因

原因A　例　好きな子に会えた
←
心情A　例　嬉しい

＋

原因B　例　ダサい服を来ていた
←
心情B　例　恥ずかしい

例題

1 次の文章の傍線部のK助の心情として最も適当なものを、あとから選びなさい。

K助はサッカーの試合で勝った。K助は嬉しいと思いながらも、申し訳ない気持ちになった。相手チームのA太は中学の親友で、彼もまた勝つために毎日練習していた。それを思うといたたまれなくなったのだ。

ⓐ 試合に勝って嬉しいと同時に、親友のA太を負かしてしまい申し訳ないという気持ち。

ⓑ ライバルであるA太に勝って嬉しいと同時に、自分が活躍できなくてチームメイトに申し訳ないという気持ち。

手順1 傍線部の「心情」「結果」を確認する

「心情の交錯」の場合、二つの「心情」か「結果」がある。

手順2 二つの心情の「原因」をとらえる

「心情」の前後に書いてある。

例題の解答 1 ⓐ

演習

1 次の文章の傍線部の「私」の心情として最も適当なものを、あとから選びなさい。

家をリフォームすることになり、その見学にきた。正直に言えば、前の家に友達を呼ぶときは少し恥ずかしかった。私の家は全体的に古く汚かったのだ。そのため、新しい家の完成を想像すると胸が踊る。自分でも口角が上がったのがわかったが、その笑みはすぐに消えてしまった。

おばあちゃんが亡くなったのは、三ヶ月前のことだった。そして、家にはおばあちゃんとの思い出がいっぱい詰まっていた。家の柱には、おばあちゃんが刻んだ私の背の記録がある。崩れていく家を見ていると、おばあちゃんとの思い出が消えていくようでなんだか寂しくなってしまった。

ⓐ 古い家が新しくなることを喜ぶと同時に、祖母との思い出のある家が無くなることを寂しく感じる気持ち。

ⓑ 珍しく家のリフォームの様子を間近で見られた嬉しさと同時に、祖母の死を実感した悲しさを感じる気持ち。

ⓒ 風情のあった家が変わることを悲しむと同時に、祖母の死を思い出させる家がなくなりホッとする気持ち。

2 次の文章の傍線部の「僕」の心情として最も適当なものを、あとから選びなさい。

成人した日、父が急に腕相撲をしようと言ってきた。小学生の頃はよく父に負かされていたが、父から挑んでくるのは初めてだった。母の合図で両者力を込める。小学生の頃、どんな重いものも持てると信じていた父の腕は、信じられないほどあっけなく机についた。「お前も、もうすっかり一人前だなぁ」と父が笑いかけてきた。嬉しい言葉だった。僕も笑い返したけれど、少しだけ涙が出そうになった。

父の腕は昔に比べるとずいぶん細い。昔のようなたくましい父の面影はもうなくなってしまったことに、悲しさを感じずにはいられなかった。久しぶりに面と向かった父の顔には、ずいぶんシワが増えたような気がした。

ⓐ 成人した嬉しさと同時に、父の顔にシワが増えたことを気の毒に思い、悲しく思う気持ち。

ⓑ 父から一人前だと認められたことに嬉しさを感じると同時に、父の衰えを実感し、悲しくなっている気持ち。

ⓒ 腕相撲の決着があっけなくついたことを悲しむと同時に、父の老いながらも元気な姿を嬉しく感じる気持ち。

✔ CHECK
36講で学んだこと

- □「二つの心情（結果）」をチェックできるようになった
- □「原因A」に線を引けるようになった
- □「原因B」に線を引けるようになった

NOTE

著者 **柳生好之**

リクルート「スタディサプリ」現代文講師。難関大受験専門塾「現論会」代表。早稲田大学第一文学部総合人文学科日本文学専修卒業。「文法」「論理」という客観的ルールに従った読解法を提唱し、誰でも最短で現代文・小論文ができるようになる授業を行う。その極めて再現性の高い読解法により、東大など最難関大学を志望する受験生から現代文が苦手な受験生まで、幅広く支持されている。主な著書に、『入試現代文の単語帳BIBLIA2000』(Gakken)や『ゼロから覚醒 はじめよう現代文』(かんき出版)がある。

KOKOKARA DRILL SERIES
大学入試 HAJIMERU

柳生のここからはじめる現代文ドリル

PRODUCTION STAFF

ブックデザイン	植草可純　前田歩来（APRON）
著者イラスト	芦野公平
本文イラスト	かざまりさ
企画編集	髙橋龍之助（Gakken）
編集担当	髙橋龍之助　留森桃子（Gakken）
編集協力	株式会社 オルタナプロ
校正	高倉啓輔　工藤竜暉　渡辺泰葉　太田沙紀
販売担当	永峰威世紀（Gakken）
データ作成	株式会社 四国写研
印刷	株式会社 リーブルテック

読者アンケートご協力のお願い

この度は弊社商品をお買い上げいただき、誠にありがとうございます。本書に関するアンケートにご協力ください。右のQRコードから、アンケートフォームにアクセスすることができます。ご協力いただいた方のなかから抽選でギフト券（500円分）をプレゼントさせていただきます。

アンケート番号：305688

※アンケートは予告なく終了する場合がございます。

KOKOKARA DRILL SERIES
大学入試
HAJIMERU

柳生のここからはじめる現代文ドリル

別冊

解答・解説

Answer and Explanation
A Workbook for Students to Get into College
Modern Japanese by Yoshiyuki Yagyu

Gakken

➡軽くのりづけされているので、外して使いましょう。

柳生のここからはじめる現代文ドリル

別冊 解答解説

答え合わせのあと
必ず解説も読んで
理解を深めよう

MEMO

Chapter 1
01講

言葉の単位

演習の問題
↓本冊P.19

1

① 解答 ⓔ
全体でひとまりの内容を持つ最も大きな単位は**文章**です。

② 解答 ⓑ
一字下げて書き始め、改行されるまでのまとまりは**形式段落**です。

③ 解答 ⓒ
内容的につながりのある複数の形式段落をまとめて**意味段落**と呼びます。

④ 解答 ⓐ
句点（。）から句点（。）まで続く言葉の単位を**文**と呼びます。

⑤ 解答 ⓕ
文を意味がわかる範囲で切った言葉の単位を**文節**と呼びます。

⑥ 解答 ⓓ
それ以上分けられない言葉の最小単位を**単語**と呼びます。

2

段落 解答 **3**
一字下げられている回数を数えます。一行目の「現代文の学習について」から二行目までが第一段落、三行目の「そもそも言葉とは」から十一行目までが第二段落、十二行目の「現代文についても」から最後までが第三段落です。

文 解答 **10**
句点（。）を数えます。第一段落には二つ、第二段落には五つ、第三段落には三つの文が含まれています。

文節 解答 文章を／読んだ／ときの／感想は／人に／よって／異なる
自立語（単体で意味が分かる言葉）が出る度に区切ります。

単語 解答 文章／を／読ん／だ／とき／の／感想／は／人／に／よっ／て／異なる
文節に区切ったものを基に、それ以上分けられなくなるまで区切ります。

単語の種類1（自立語）

演習の問題 ↓本冊P.21

1

① 解答 ⓒ 「単語をその形や働きに応じて分けた種類」を**品詞**と呼びます。

② 解答 ⓕ 「単体で意味が理解できる単語」のことを**自立語**と呼びます。

③ 解答 ⓑ 「物事の名前を表す単語」を**名詞**と呼びます。

④ 解答 ⓙ 「顔」は物の名前を表しているので**名詞**です。

⑤ 解答 ⓐ 「物事の動作や存在を表す単語」のことを**動詞**と呼びます。

⑥ 解答 ⓖ 「遊ぶ」は動作を表しているので**動詞**です。

⑦ 解答 ⓔ 「物事の状態や性質を表す単語」のことを**形容詞・形容動詞**と呼びます。

⑧ 解答 ⓗ 「青い」は物事の状態や性質を表しているので**形容詞・形容動詞**です。

⑨ 解答 ⓓ 「動作や状態を詳しく説明する言葉」を**副詞**と呼びます。

⑩ 解答 ⓘ 「簡単に」は動作や状態を詳しく説明しているので、**副詞**です。

2

物事の名前、動作や存在、状態や性質を表す言葉を区別します。

① 解答 ⓓ 「早急に」は動作や状態を詳しく説明しているので**副詞**です。

② 解答 ⓐ 「自由」は物事の名前を表しているので**名詞**です。

③ 解答 ⓐ 「平等」は物事の名前を表しているので**名詞**です。

④ 解答 ⓑ 「議論する」は動作を表しているので**動詞**です。

⑤ 解答 ⓒ 「精緻な」は物事の状態や性質を表しているので**形容詞・形容動詞**です。

⑥ 解答 ⓓ 「頻繁に」は動作や状態を詳しく説明しているので**副詞**です。

⑦ 解答 ⓓ 「非常に」は動作や状態を詳しく説明しているので**副詞**です。

⑧ 解答 ⓐ 「政治」は物事の名前を表しているので**名詞**です。

⑨ 解答 ⓑ 「検討する」は動作を表しているので**動詞**です。

⑩ 解答 ⓒ 「曖昧な」は物事の状態や性質を表しているので**形容詞・形容動詞**です。

⑪ 解答 ⓐ
「社会」は物事の名前を表しているので**名詞**です。

⑫ 解答 ⓐ
「発電所」は物事の名前を表しているので**名詞**です。

⑬ 解答 ⓑ
「疑う」は動作を表しているので**動詞**です。

⑭ 解答 ⓒ
「激しく」は動作や状態を詳しく説明しているので**形容詞・形容動詞**です。

⑮ 解答 ⓑ
「殴打する」は動作を表しているので**動詞**です。

⑯ 解答 ⓐ
「アメリカ」は物事の名前を表しているので**名詞**です。

⑰ 解答 ⓐ
「実験」は物事の名前を表しているので**名詞**です。

⑱ 解答 ⓒ
「詳細な」は物事の状態や性質を表しているので**形容詞・形容動詞**です。

⑲ 解答 ⓒ
「愚かな」は物事の状態や性質を表しているので**形容詞・形容動詞**です。

⑳ 解答 ⓑ
「関連する」は動作を表しているので**動詞**です。

Chapter 1 03講

単語の種類2（付属語）

演習の問題 ↓本冊P.23

1

① 解答 ⓕ

「単語をその形や働きに応じて分けた種類」を**品詞**と呼びます。

② 解答 ⓐ

「それだけでは意味がわからない言葉」を**付属語**と呼びます。

③ 解答 ⓖ

「下に続く言葉によって語尾の形が変わること」を**活用する**と言います。

④ 解答 ⓔ

「活用しない付属語」を**助詞**と呼びます。

⑤ 解答 ⓑ

「は、が、を」は活用しないので**助詞**です。

⑥ 解答 ⓒ

「活用する付属語」を**助動詞**と呼びます。

⑦ 解答 ⓓ

「だ、である、ようだ」は活用するので**助動詞**です。

2

単体では意味がわからない単語を探します。それが**付属語**です。

① 解答 納税／は／国民／の／義務／だ。

「は」と「の」は**助詞**で、「だ」は**助動詞**です。

② 解答 今度／こそ、／実験／に／成功し／たい。

「こそ」と「に」は**助詞**で、「たい」は**助動詞**です。

③ 解答 近代／は、／科学／に／大きな／進歩／が／見／られ／た。

「は」と「に」と「が」は**助詞**で、「られ」と「た」は**助動詞**です。

④ 解答 研究者／に／よれ／ば、／教育格差／が／広がっ／て／いる／そうだ。

「に」と「ば」と「が」と「て」は**助詞**で、「そうだ」は**助動詞**です。

⑤ 解答 雇用／を／確保する／と／言い／ながら、／非正規労働者／を／増やす。

「を」と「と」と「ながら」は**助詞**です。

⑥ 解答 先進国／だけ／が、／文明／の／恩恵／を／受け／て／いる／らしい。

「だけ」と「が」と「の」と「を」と「て」は**助詞**で、「らしい」は**助動詞**です。

⑦ 解答 「先生／は／明日／来／ます」／と／彼／は／言っ／た。

「は」と「と」は**助詞**で、「です」と「た」は**助動詞**です。

⑧ 解答 体調／が／良く／なら／ない／ので、／子ども／に／果物／を／食べ／させる。

「が」と「ので」と「に」と「を」は**助詞**で、「ない」と「させる」は**助動詞**です。

⑨ 解答 政治／も／経済／も／停滞し／て／いる／ように／思わ／れる。

「も」と「て」は**助詞**で、「ように」と「れる」は**助動詞**です。

⑩ 解答 キュリー夫人／は、／ラジウム／と／ポロニウム／を／発見し／た。

「は」と「と」と「を」は**助詞**で、「た」は**助動詞**です。

Chapter 1
04講 名詞

演習の問題 ↓本冊P.25

1

① **解答** ⓖ

「物事の名前を表す単語」を**名詞**と呼びます。

② **解答** ⓓ

名詞は、「が」、「は」などの助詞がついて**主語**（誰／何がにあたる文節）になります。

③ **解答** ⓔ

名詞のうち、「一般的な物事を表す名詞」を**普通名詞**と呼びます。

④ **解答** ⓕ

名詞のうち、「一つしかないものを表す名詞」を**固有名詞**と呼びます。

⑤ **解答** ⓑ

名詞のうち、「ものの数、量、順番を表す名詞」を**数詞**と呼びます。

⑥ **解答** ⓒ

名詞のうち、「人や物事の代わりに使われる指示語」を**代名詞**と呼びます。

⑦ **解答** ⓐ

「複数の名詞が合わさって一つの名詞となったもの」を**複合名詞**と呼びます。

2

人や物事の名前を表している言葉を探します。数詞や代名詞も忘れないようにしましょう。

① **解答** 彼／は／書道／の／大家／だ。

「彼」は**代名詞**、「書道」「大家」は**普通名詞**です。

② **解答** 宗教／は／大衆／を／結束させる／装置／として／使わ／れる。

すべて**普通名詞**です。

③ **解答** シェイクスピア／の／悲劇／を／鑑賞／する。

「シェイクスピア」は**固有名詞**、「悲劇」「鑑賞」は**普通名詞**です。

④ **解答** 世界／の／人口／は／約八十億人／と／言わ／れ／て／いる。

「世界」「人口」は**普通名詞**、「約八十億人」は**数詞**です。

⑤ **解答** 日本型資本主義／の／特徴／は／終身雇用／と／年功序列／である。

「日本型資本主義」は**複合名詞**、他はすべて**普通名詞**です。

⑥ **解答** 隣国／の／紛争／は、／我々／に／とって／も／他人事／で／は／ない。

「隣国」「紛争」「他人事」は**普通名詞**、「我々」は**代名詞**です。

⑦ **解答** アメリカ／の／初代大統領／は／ワシントン／だ。

「アメリカ」「ワシントン」は**固有名詞**、「初代大統領」は**複合名詞**です。

⑧ **解答** 新宿駅／から／渋谷駅／まで／は／電車／で／五分／だ。

「新宿駅」「渋谷駅」は**固有名詞**、「電車」は**普通名詞**、「五分」は**数詞**です。

⑨ **解答** 「彼女／と／仲違い／し／た。」／と／彼／は／言っ／た。

「彼女」「彼」は**代名詞**、「仲違い」は**普通名詞**です。

⑩ **解答** メディア／の／政権／に／対する／スタンス／は／民主主義／に／とっ／て／重要だ。

すべて**普通名詞**です。

動詞

演習の問題 ↓本冊P.27

1

① 解答 ⓓ
② 解答 ⓐ
③ 解答 ⓒ
④ 解答 ⓑ

2

解答 ⓐⓕⓜⓞⓡⓣ
ⓑⓒⓔⓖⓚⓠⓢ…名詞　ⓘⓙ…形容詞・形容動詞
ⓛ…副詞　ⓗⓟ…助詞　ⓓⓝ…助動詞

3

動詞は**述語**になることが多いので、まず文末を見て物事の動作や存在を表している言葉を探します。

① 解答 企業／は／他／の／企業／と／競争する。
「競争する」の終止形「競争する」が、主語「企業は」の**述語**になっています。

② 解答 登場人物／の／心情／を／推測する。
「推測する」の終止形「推測する」が**述語**になっています。主語は省略されています。

③ 解答 演説／が／面白かっ／た／政治家／に／投票する。
「投票する」の終止形「投票する」が**述語**になっています。主語は省略されています。

④ 解答 人間／は／サル／から／進化し／た／と／言わ／れる。
「進化する」の連用形「進化し」が、主語「人間は」の**述語の一部**になっています。また、「言う」の未然形「言わ」が**述語の一部**になっています。主語は省略されています。

⑤ 解答 医学／の／発展／の／恩恵／を／受け／て、／平均寿命／が／伸びる。
「受ける」の連用形「受け」が**述語**になっています。主語は省略されています。また、「伸びる」の終止形「伸びる」が、主語「平均寿命が」の**述語**になっています。

⑥ 解答 海外／の／ベストセラー／を／翻訳し、／日本／で／売る。
「翻訳する」の連用形「翻訳し」が**述語**になっています。主語は省略されています。また、「売る」の終止形「売る」が**述語**になっています。主語は省略されています。

⑦ 解答 首相／は、／国連／の／会議／に／参加する／ようだ。
「参加する」の連体形「参加する」が、主語「首相は」の**述語の一部**になっています。

⑧ 解答 「今回／の／判決／に／は／異議／が／あり／ます。」／と／弁護士／が／言う。
「ある」の連用形「あり」が主語「異議が」の**述語の一部**になっています。また、「言う」の終止形「言う」が主語「弁護士が」の**述語**になっています。

⑨ 解答 地面／の／プレート／と／プレート／が／ぶつかる／所／で／地震／が／発生する。
「ぶつかる」の連体形「ぶつかる」が、主語「プレートが」の**述語**にな

っています。また、「発生する」の終止形「発生する」が、主語「地震が」の**述語**になっています。

⑩ **解答** 次／の／テスト／で／は／良い／点／を／取っ／て／友達／に／自慢し／たい。

「取る」の連用形「取り」が発音しやすいように変化した「取っ」が、**述語**になっています。主語は省略されています。また、「自慢する」の連用形「自慢し」が**述語の一部**になっています。主語は省略されています。

形容詞・形容動詞

演習の問題
↓本冊P.29

1

① 解答 ⓖ
② 解答 ⓐ
③ 解答 ⓑ
④ 解答 ⓓ
⑤ 解答 ⓔ
⑥ 解答 ⓒ
⑦ 解答 ⓕ

2

名詞を直接修飾しているか、述語として主語の状態や性質を説明している単語を探します。

① 解答 危険な／兵器／を／開発する。
「危険だ」の連体形「危険な」が「兵器」を**修飾**しています。

② 解答 インターネット／を／通じ／て／多大な／情報／を／得る。
「多大だ」の連体形「多大な」が「情報」を**修飾**しています。

③ 解答 急速な／経済成長／は、／様々な／問題／を／引き起こす。
「急速だ」の連体形「急速な」が「経済成長」を**修飾**しています。また、「様々だ」の連体形「様々な」が「問題」を**修飾**しています。

④ 解答 異質な／文化／を／理解する／ため／に／は、／実際に／見る／こと／が／重要だ。
「異質だ」の連体形「異質な」が「文化」を**修飾**しています。また、「重要だ」の終止形「重要だ」が主語「見ることが」を**述語として説明**しています。

⑤ 解答 大規模な／植民活動／は／住民／の／生活／に／多大な／影響／を／与える。
「大規模だ」の連体形「大規模な」が「植民活動」を**修飾**しています。また、「多大だ」の連体形「多大な」が「影響」を**修飾**しています。

⑥ 解答 龍安寺／は／美しい／庭園／で／有名だ。
「美しい」の連体形「美しい」が「庭園」を**修飾**しています。また、「有名だ」の終止形「有名だ」が、主語「龍安寺は」を**述語として説明**しています。

⑦ 解答 ノーベル賞／の／受賞者／は、／みな／優秀だ。
「優秀だ」の終止形「優秀だ」が主語「受賞者は」を**述語として説明**しています。

⑧ 解答 気温／が／低く、／水／は／冷たい。
「低い」の連用形「低く」が主語「気温が」を**述語として説明**し、「冷たい」の終止形「冷たい」が主語「水は」を**述語として説明**しています。

⑨ 解答 巨大な／津波／に／よっ／て、／街／は／甚大な／被害／を／受け／た。
「巨大だ」の連体形「巨大な」が「津波」を**修飾**しています。また、「甚大だ」の連体形「甚大な」が「被害」を**修飾**しています。

⑩ 解答 美しい／地球／を／守る／ため／に／は、／多様な／努力／が／必要だ。
「美しい」の連体形「美しい」が「地球」を**修飾**しています。また、「多様だ」の連体形「多様な」が「努力」を**修飾**しています。

Chapter 1
07講 助詞1（格助詞）

演習の問題 ↓本冊P.31

1

① 解答 ⓖ

②が ⓕ 格助詞とわかれば、①は ⓖ 助詞とわかります。

② 解答 ⓕ

「文節が文の中で他の文節に対して果たしている役割を示す助詞」を**格助詞**と呼びます。

③ 解答 ⓑ

格助詞は、主に名詞の後に付いて一つの文節をつくります。

④ 解答 ⓗ

「が、の」は主語を示す格助詞です。

⑤ 解答 ⓒ

「を、に、へ」は名詞を修飾する連体修飾語を示す格助詞です。

⑥ 解答 ⓔ

「の」は名詞以外の言葉を修飾する連用修飾語を示す格助詞です。

⑦ 解答 ⓓ

「と、や、の、に」は並列を示す格助詞です。

⑧ 解答 ⓐ

「の」は名詞化を示す格助詞でもあります。

2

(1) 解答 ① ⓐ ② ⓑ

「専門家が」は文の**主語**です。「影響を」は**連用修飾語**として「指摘する」を修飾しています。

(2) 解答 ③ ⓔ

「水力や風力」の「や」は「水力」と「風力」の**並列**を表しています。

(3) 解答 ④ ⓐ ⑤ ⓑ

「貧困問題が」は文の**主語**です。「解決へ」は**連用修飾語**として「向かう」を修飾しています。

(4) 解答 ⑥ ⓓ

「尊重するの」は「尊重する」の**名詞化**として「重要だ」の**主語**になっています。

(5) 解答 ⑦ ⓑ

「原油から」は**連用修飾語**として「精製される」を修飾しています。

(6) 解答 ⑧ ⓑ

「炎色反応を」は**連用修飾語**として「利用している」を修飾しています。

(7) 解答 ⑨ ⓑ ⑩ ⓑ

「リスクを」は**連用修飾語**として「取る」を修飾しています。
「取るより」は**連用修飾語**として「ない」を修飾しています。

助詞②（接続助詞）

演習の問題 ↓本冊P.33

1

① 解答 ⓒ
「前後の論理関係を示す助詞」を**接続助詞**と呼びます。

② 解答 ⓓ
「**順接**」は、前後に原因と結果の関係があります。

③ 解答 ⓑ
「ので」は**順接**の接続助詞です。

④ 解答 ⓐ
接続助詞の「て」には**補助**の意味があり、二つの動詞をつなげることができます。

2

① 解答 ⓑ
「のに」は**逆接**の接続助詞です。寒い冬に半袖半ズボンを着ているのは前後の関係が反対になっています。

② 解答 ⓑ
「ながら」は**逆接**の接続助詞です。勉強すると言って寝ているのは前後の関係が反対になっています。

③ 解答 ⓒ
「ば」は**順接**のものもありますが、この文章では**並列**で使われています。

④ 解答 ⓑ
「けれども」は**逆接**の接続助詞です。

⑤ 解答 ⓒ
「たり」は**並列**の接続助詞で、連続して使います（「～たり～たり」のように）。うなずくと微笑むは原因と結果の関係なしで並べられています。

⑥ 解答 ⓑ
「ものの」は**逆接**の接続助詞です。疲れていること作業を続けることは前後の関係が反対になっています。

⑦ 解答 ⓐ
「と」は**順接**の接続助詞です。やってみることとできることには原因と結果の関係があります。

⑧ 解答 ⓑ
「けれど」は**逆接**の接続助詞です。勉強していないということと成績が良いことは前後の関係が反対になっています。

⑨ 解答 ⓐ
「ば」は**並列**もあるため注意してください。この場合は**順接**です。うまくいくことと、留学に行くことは原因と結果の関係があります。

⑩ 解答 ⓐ
「と」は**順接**の接続助詞です。声をかけることと、彼が笑顔で振り向いたことには原因と結果の関係があります。

助詞③（副助詞）

演習の問題 ↓本冊P.35

1

① **解答** ⓑ

直前の言葉にニュアンスを付け加えて連用修飾語を作る助詞を**副助詞**と呼びます。

② **解答** ⓐ

「だけ、しか、きり」は**限定**の意味を持つ副助詞です。

③ **解答** ⓒ

「は、も、こそ」は**強調**の意味を持つ副助詞です。

2

① **解答** ⓕ

ここでの「だけ」は「ニンジン」を**限定**しています。

② **解答** ⓗ

「なり」には**例示**の働きがあります。

③ **解答** ⓕ

「今日くらい」から、**限定**であることを読み取ることができます。

④ **解答** ⓘ

「同じくらい」は「同じ**程度**」という意味です。

⑤ **解答** ⓖ

ここでの「まで」は**添加**の意味です。

⑥ **解答** ⓕ

ここでの「まで」は期限を表しており、**限定**の働きをしています。

⑦ **解答** ⓕ

「言ったのを最後に」という意味になり、**限定**の働きをしています。

⑧ **解答** ⓑ

「も」には複数の意味がありますが、ここでは**強調**の働きをしています。

⑨ **解答** ⓑ

「こそ」には**限定**の働きがあります。

⑩ **解答** ⓔ

「だって」は**類推**を意味します。また、この文の「くらい」は**限定**の意味です。

Chapter 1
10講 助詞４（終助詞）

演習の問題 ➡本冊P.37

1

① 解答 ⓐ 文の終わりや文節の切れ目に付いて、ニュアンスを付け加える助詞を**終助詞**と呼びます。

② 解答 ⓘ 「か、かしら、の」は**疑問**の意味を持つ終助詞です。

③ 解答 ⓔ 「か、や、よ」は**勧誘**の意味を持つ終助詞です。

④ 解答 ⓕ 「か、な、ね、わ」は**感動**の意味を持つ終助詞です。

⑤ 解答 ⓒ 「よ、な」は**命令**の意味を持つ終助詞です。

⑥ 解答 ⓗ 「な、ね、よ」は**念押し**の意味を持つ終助詞です。

⑦ 解答 ⓖ 「ぞ、とも」は**強調**の意味を持つ終助詞です。

⑧ 解答 ⓓ 「や」は**呼びかけ**の意味を持つ終助詞です。

⑨ 解答 ⓑ 「か」は**反語**の意味を持つ終助詞です。

2

① 解答 ⓑ 「かしら」は**疑問**の意味を持つ終助詞です。

② 解答 ⓖ 「とも」は**強調**の意味を持つ終助詞です。

③ 解答 ⓗ 「よ」は**念押し**の意味を持つ終助詞です。

④ 解答 ⓕ 「か」は**感動**の意味を持つ終助詞です。

⑤ 解答 ⓒ 「な」は**禁止**の意味を持つ終助詞です。

⑥ 解答 ⓐ 「か」は**疑問**の意味を持つ終助詞です。

⑦ 解答 ⓖ 「ぞ」は**強調**の意味を持つ終助詞です。

⑧ 解答 ⓗ 「ね」は**念押し**の意味を持つ終助詞です。

⑨ 解答 ⓓ 「か」は**勧誘**の意味を持つ終助詞です。

⑩ 解答 ⓚ 「わ」は**主張**の意味を持つ終助詞です。

Chapter 1

11講 助動詞1（受け身・使役）

演習の問題 ↓本冊P.39

1

① 解答 ⓑ

「れる」「られる」は**受け身**の意味を持つ助動詞です。

② 解答 ⓓ

「れる」「られる」は他の動詞や助動詞に付きます。

③ 解答 ⓐ

「れる」「られる」は助動詞の未然形に付きます。

④ 解答 ⓒ

「せる」「させる」は**使役**の意味を持つ助動詞です。

⑤ 解答 ⓔ

「受け身」と「使役」の助動詞は、誰が動作をして、誰が動作をされて、誰が動作をさせているのかを把握する目印になります。

2

解答 ⓐ ⓓ ⓔ

ⓐ 解答 学生たち は教授に厳しく指導された。

この文の**受け身**の助動詞は「れる」の連用形「れ」です。「指導した」のは「教授」で、「指導された」のは「学生」です。

ⓓ 解答 専門家 は人々にエビデンスの提示を求められた。

この文の**受け身**の助動詞は「られる」の連用形「られ」です。「提示を求めた」のは「人々」で、「求められた」のは「専門家」です。

ⓔ 解答 今回の失言により 政治家 は国民から批判されるだろう。

この文の**受け身**の助動詞は「れる」の終止形「れる」です。「批判する」のは「国民」で、「批判される」のは「政治家」です。

ⓑ 故郷の名を聞くたびに、昔のことが思い出される。

「思い出される」の「れる」は**自発**の意味を持つ助動詞です。

ⓒ 法を整備することで環境破壊は止められるのか。

「止められる」の「られる」は**可能**の意味を持つ助動詞です。

3

解答 ⓑ ⓔ

ⓑ 解答 かつてアメリカ連邦政府は 先住民 を強制的に移住させた。

この文の**使役**の助動詞は「させる」の連用形「させ」です。「移住させた」のは「アメリカ連邦政府」で、「移住した」のは「先住民」です。

ⓔ 解答 刑事は厳しい取り調べによって 犯人 に自白させた。

この文の**使役**の助動詞は「させる」の連用形「させ」です。「自白させた」のは「刑事」で、「自白した」のは「犯人」です。

ⓐ この施設は負の遺産として人々によく知られている。

この文には**使役**の助動詞は含まれていません。

ⓒ 顧客は社員から誠実な謝罪をされた。

この文には**使役**の助動詞は含まれていません。

ⓓ 研究者たちは研究所長からの命令で実験をした。

この文には**使役**の助動詞は含まれていません。

助動詞2（過去・完了・可能）

演習の問題 ↓本冊P.41

1

① **解答** ⓔ
「た（だ）」は**過去・完了**の意味を持つ助動詞です。

② **解答** ⓓ
「過去・完了」の助動詞「た（だ）」は活用する言葉の**連用形**に付きます。

③ **解答** ⓐ
複数の意味を持つ助動詞が、どの意味で使われているかは文脈で判断します。

④ **解答** ⓑ
「れる」「られる」は**可能**の意味を持つ助動詞です。

⑤ **解答** ⓒ
「れる」の代わりに「読める」、「話せる」などの**可能**の意味を含む動詞が使われることが多いです。

2

① **解答** ⓐ
ここでの「た」は**過去**の意味で使われています。

② **解答** ⓑ
ここでの「たら」は**完了**の意味を持つ助動詞「た」の仮定形です。

③ **解答** ⓒ
ここでの「られる」は**可能**の意味を持つ助動詞です。

④ **解答** ⓐ
ここでの「だ」は**過去**の意味で使われています。

⑤ **解答** ⓒ
ここでの「られる」は**可能**の意味を持つ助動詞です。

⑥ **解答** ⓑ
ここでの「だ」は**完了**の意味で使われています。

⑦ **解答** ⓒ
ここでの「られる」は**可能**の意味を持つ助動詞です。

⑧ **解答** ⓐ
ここでの「た」は**過去**の意味で使われています。

⑨ **解答** ⓒ
ここでの「られる」は**可能**の意味を持つ助動詞です。

⑩ **解答** ⓐ
ここでの「た」は**過去**の意味で使われています。

助動詞3（断定・推量など）

演習の問題 ↓本冊P.43

1

① **解答** ⓑ 「だ」「です」「ようだ」は**断定**の意味を持つ助動詞です。

② **解答** ⓐ 「だ」「です」「ようだ」は名詞か活用する言葉の連体形、一部の助動詞に付きます。

③ **解答** ⓒ 「う」「よう」「らしい」「まい」は**推量**の意味を持つ助動詞です。

④ **解答** ⓔ 「まい」は**打ち消しの推量**の意味を持つ助動詞です。

⑤ **解答** ⓓ 「う」「よう」「まい」は活用しても形が変化しません。

⑥ **解答** ⓑ 「う」は**推量**の意味を持つ助動詞です。

⑦ **解答** ⓑ 「らしい」は**推量**の意味を持つ助動詞です。

⑧ **解答** ⓐ 「だっ」は**断定**の意味を持つ助動詞「だ」の連用形です。

⑨ **解答** ⓑ 「らしく」は**推量**の意味を持つ助動詞「らしい」の連用形です。

⑩ **解答** ⓐ 「でし」は**断定**の意味を持つ助動詞「です」の連用形です。

2

① **解答** ⓐ 「ようだ」は**断定**の意味を持つ助動詞です。

② **解答** ⓑ 「まい」は**推量**の意味を持つ助動詞です。

③ **解答** ⓑ 「よう」は**推量**の意味を持つ助動詞です。

④ **解答** ⓐ 「だ」は**断定**の意味を持つ助動詞です。

⑤ **解答** ⓐ 「です」は**断定**の意味を持つ助動詞です。

Chapter 1 14講

助動詞4（その他）

演習の問題 ↓本冊P.45

1

① **解答** ⓔ
「ない」「ぬ（ん）」は**打ち消し**の意味を持つ助動詞です。

② **解答** ⓒ
「ない」「ぬ（ん）」は動詞と助動詞の**未然形**に付きます。

③ **解答** ⓓ
「たい」は**話し手の希望**を表し、「たがる」は**話し手以外**の希望を表します。

④ **解答** ⓑ
「たい」「たがる」は動詞と助動詞の**連用形**に付きます。

⑤ **解答** ⓐ
「たい」は**話し手の希望**を表し、「たがる」は**話し手以外**の希望を表します。

2

① **解答** ⓐ
「ない」は**打ち消し**の意味を持つ助動詞です。

② **解答** ⓑ
「たい」は**希望**の意味を持つ助動詞です。

③ **解答** ⓑ
「たがる」は**希望**の意味を持つ助動詞です。

④ **解答** ⓐ
「ぬ」は**打ち消し**の意味を持つ助動詞です。

⑤ **解答** ⓐ
「ない」は**打ち消し**の意味を持つ助動詞です。

⑥ **解答** ⓐ
「ず」は**打ち消し**の意味を持つ助動詞「ぬ（ん）」の連用形です。

⑦ **解答** ⓑ
「たがっ」は**希望**の意味を持つ助動詞「たがる」の連用形です。

⑧ **解答** ⓑ
「たかっ」は**希望**の意味を持つ助動詞「たい」の連用形です。

⑨ **解答** ⓐ
「なけれ」は**打ち消し**の意味を持つ助動詞「ない」の仮定形です。

⑩ **解答** ⓑ
「たけれ」は**希望**の意味を持つ助動詞「たい」の仮定形です。

文節相互の関係 1

演習の問題 ↓本冊P.47

1

① 解答 ⓓ
「誰／何が」にあたる文節を**主語**と呼びます。

② 解答 ⓑ
「主語」は文の**主題**を表します。

③ 解答 ⓕ
主語が述語に係り、述語が主語を受けるという文節相互の関係を**主・述の関係**と呼びます。

④ 解答 ⓐ
後にくる他の文節を詳しく説明することを**修飾**と呼びます。

⑤ 解答 ⓔ
他の文節を詳しく説明する文節を**修飾語**と呼びます。

⑥ 解答 ⓒ
修飾語によって、詳しく説明される文節を**被修飾語**と呼びます。

⑦ 解答 ⓖ
修飾語と被修飾語との関係を**修飾・被修飾の関係**と呼びます。

2

① 解答 ⓐ
「K助が」が**主語**で「走っている」が**述語**です。

② 解答 ⓑ
「走っている」が**修飾語**で、「K助」が**被修飾語**です。また、「私は」「見た」で**主・述の関係**を作っています。

③ 解答 ⓑ
「明日の」が**修飾語**で、「天気」が**被修飾語**です。

④ 解答 ⓐ
「私は」が**主語**で、「泳いだ」が**述語**です。

⑤ 解答 ⓐ
「父は」が**主語**で、「散歩をする」が**述語**です。「いつも」と「夜に」は「散歩をする」を修飾しています。

⑥ 解答 ⓑ
「青い」が**修飾語**で、「家」が**被修飾語**です。

⑦ 解答 ⓑ
「新しい」が**修飾語**で、「机」が**被修飾語**です。

⑧ 解答 ⓐ
「腕時計が」が**主語**で、「壊れてしまった」が**述語**です。

⑨ 解答 ⓐ
「風船が」が**主語**で、「破裂した」が**述語**です。

⑩ 解答 ⓑ
「根も葉もない」が**修飾語**で、「噂」が**被修飾語**です。「根も葉もない」とは、根拠に基づいていなくてでたらめだという意味の慣用句です。

文節相互の関係 2

演習の問題 ↓本冊P.49

1

① **解答** ⓐ
他の文節と直接関係がない文節を**独立語**と呼びます。

② **解答** ⓔ（②〜⑤は順不同）

③ **解答** ⓕ

④ **解答** ⓖ

⑤ **解答** ⓗ
独立語は**呼びかけ**、**感動**、**応答**、**提示**を表すことがあります。

⑥ **解答** ⓑ
前の文や文節を、後に続ける働きをする文節を**接続語**と呼びます。

⑦ **解答** ⓓ
「接続詞」は単独で接続語の働きをします。

⑧ **解答** ⓘ
接続助詞のついた文節も接続語の働きをします。

⑨ **解答** ⓒ
二つ以上の文節が対等に並んでいる関係を**並列の関係**と呼びます。

2

① **解答** ⓐ
「もしもし」は**独立語の呼びかけ**です。

② **解答** ⓐ
「はい」は**独立語の応答**です。

③ **解答** ⓑ
「ところが」は接続語で接続詞が単独で接続語の働きをします。

④ **解答** ⓒ
「と」により、**並列の関係**を表しています。

⑤ **解答** ⓑ
「つまり」は接続語で接続詞が単独で接続語の働きをします。

⑥ **解答** ⓐ
文脈も考慮して、この場合の「ええっ」は**独立語の感動**を表します。

⑦ **解答** ⓑ
この場合は、接続助詞のついた文節が接続語の働きをしています。

⑧ **解答** ⓐ
「さあ」は**独立語の呼びかけ**です。

⑨ **解答** ⓒ
「と」により、**並列の関係**を表しています。

⑩ **解答** ⓐ
この場合、「ニューヨーク」で**独立語の提示**を表しています。

Chapter 2
17講

主部・述部の発見

演習の問題 ↓本冊P.51

1

① **解答** ⓐ

複数の文節がまとめて主語となったものを**主部**と呼びます。

② **解答** ⓑ

複数の文節がまとめて述語になったものを**述部**と呼びます。

2

① **解答** 西日本では強い雨が降り続いている。

述部を先に考えると、述部は「降り続いている」。次に**主部**を考えると「強い雨が」になります。

② **解答** 向こうから、大きな石が転がってくる。

述部を考えると「転がってくる」。これに対する**主部**は「大きな石が」になります。

③ **解答** 彼と私は、汗をかきながらその仕事をやり遂げた。

述部「やり遂げた」に対応する**主部**は「彼と私は」になります。

④ **解答** 友達の弟が、先日の試合で大活躍した。

述部「大活躍した」に対応する**主部**は「友達の弟が」になります。

⑤ **解答** 予習と復習は毎日しなければならない。

述部は「しなければならない」。これに対応する**主部**は「予習と復習は」になります。

⑥ **解答** そちらに見える大きなゾウは、3頭の子どものゾウを世話している。

述部は「世話している」。これに対応する**主部**は「大きなゾウは」になります。

⑦ **解答** 大会前のため、ケガをした人は練習を休むべきだ。

述部は「休むべきだ」。これに対応する**主部**は「ケガをした人は」になります。

⑧ **解答** アフリカの人口増加が、間接的に日本の食糧危機を招くかもしれない。

述部は「招くかもしれない」。これに対応する**主部**は「アフリカの人口増加が」になります。

⑨ **解答** 昔、彼女と私は、泥だらけになりながらその公園で遊んでいた。

述部「遊んでいた」に対応する**主部**は「彼女と私は」になります。

⑩ **解答** 小さな少女が、全力で橋の上を駆けていった。

述部は「駆けていった」。これに対応する**主部**は「小さな少女は」になります。

Chapter 2 18講

修飾関係の把握

演習の問題 ➡本冊P.53

1

① **解答** ⓐ

修飾・被修飾の関係は、複数の文節どうしでも成立することがあります。

② **解答** ⓒ

複数の文節がまとめて他の文節や連文節を修飾するものを**修飾部**と呼びます。

③ **解答** ⓑ

複数の文節がまとめて他の文節や連文節に修飾されたものを**被修飾部**と呼びます。

2

① **解答** ベッドで寝ている男の子が弟だ。

「ベッドで寝ている」という**修飾部**が「男の子が」という**被修飾部**に係っています。文全体で見ると、「ベッドで寝ている男の子が」は**主部**になっています。

② **解答** 向こうの男性が子どもに自転車の乗り方を教えている。

「自転車の乗り方を」という**修飾部**が「教えている」という**被修飾部**に係っています。

③ **解答** 私は他のどの科目よりも数学が好きだ。

「他のどの科目よりも」という**修飾部**が「数学が」という**被修飾部**に係っています。単に数学が好きだというだけではなく、数学が科目の中で一番好きだというように詳しく説明がされています。

④ **解答** 先日、父に高価な財布を買ってもらった。

「高価な財布を」という**修飾部**が「買ってもらった」という**被修飾部**に係っています。

⑤ **解答** 誰もが知る俳優が亡くなった。

「誰もが知る」という**修飾部**が「俳優が」という**被修飾部**に係っています。文全体で見ると、「誰もが知る俳優が」は**主部**になっています。

⑥ **解答** 人々の間を駆け抜けた。

「人々の間を」という**修飾部**が「駆け抜けた」という**被修飾部**に係っています。

⑦ **解答** 派手に落とした携帯電話が故障した。

「派手に落とした」という**修飾部**が「携帯電話が」という**被修飾部**に係っています。文全体で見ると、「派手に落とした携帯電話」は**主部**になっています。

⑧ **解答** 新聞に、目を疑うような記事が掲載された。

「目を疑うような」という**修飾部**が「記事が」という**被修飾部**に係っています。文全体で見ると。「目を疑うような記事が」は**主部**になっています。ちなみに、「新聞に」は「掲載された」を修飾しています。

⑨ **解答** 先生から昨日、連立方程式の解き方を教わった。

「連立方程式の解き方を」という修飾部が「教わった」という被修飾部に係っています。

⑩ **解答** 緊急で行われた手術が無事終了した。

「緊急で行われた」という**修飾部**が「手術が」という**被修飾部**に係っています。文全体で見ると、「緊急で行われた手術が」は**主部**になっています。

否定

演習の問題
↓本冊P.55

1

① **解答** ⓑ

「**否定**」は、文の中で「A」と「A」でないものを区別します。

② **解答** ⓒ

「**否定**」は「主張」を明確にするために使われるカタチです。

③ **解答** ⓐ

打ち消しの助動詞「ない」「ぬ（ん）」は、否定のカタチを作ることがあります。

④ **解答** ⓓ

「**否定語**」も否定のカタチを作ります。

2 **解答** ⓒ

疑うという行為は**負**の印象が強いが、大切なことでもある。

たとえばあるサプリを使用した人のうち、九割の人がその効果を実感した、というアンケート結果があるとする。しかし、これを簡単に信じてはいけ**ない**。選択肢を「①効果をとても実感した②少し実感した③全く実感でき**なかっ**た」の三つにし、①と②をまとめて「効果を実感した」と表示すれば、多くの人が効果を実感したように見せかけられる。データには裏があることも考えられるのだ。

データを一旦疑うのは悪いこと**ではなく、むしろ**データに真摯に向き合う良い姿勢の表れといえる。

ⓐは、負の印象を「持ってはならない」とは本文に書いていないので、誤りです。確かに一行目には「疑うという行為は負の印象が強いが、大切なことでもある」と書いてありますが、負の印象を持つことがいけないこととは言っていません。

ⓑは、「データを一旦疑うのは悪いことではなく、……」に反しているので誤りです。一行目にも「疑うという行為」は「大切なことでもある」と書かれています。

ⓒは、「データを一旦疑うのは悪いことではなく、むしろデータに真摯に向き合う良い姿勢の表れといえる。」より、正解となります。この文章では、アンケートの結果などを「簡単に信じてはいけない」ということを根拠に、「データには裏があることも考えられる」から、「データを一旦疑う」ことは「良い姿勢の表れ」だということが**主張**されています。

Chapter 3
20講

指示語 1

演習の問題
↓本冊P・57

1

① **解答** ⓓ
文章に一度登場した言葉の代わりに使われる言葉を**指示代名詞**と呼びます。

② **解答** ⓒ
「これ」は直前の語や内容を指すことが多い**指示代名詞**です。

③ **解答** ⓑ
「それ」は少し離れたものを指すこともある**指示代名詞**です。

④ **解答** ⓐ
指示語が出てきたときにはその**指示対象**を確定させることが重要です。

2

① **解答** **文章中の意味を知らない単語**
「これ」は直前の語や内容を表します。直前の部分を注意深く読み、指示語が使われた文に当てはめて意味が通るか考えましょう。「これ」の指示対象が「意味を知らない単語」だとすれば、その単語について「どういう意味だろうと考える」ことは意味が通ります。

② **解答** **単語の意味を考えること**
「それ」は直前のものや少し離れたものを指します。この問題では直前の文の内容を指しています。意味がわからない単語の意味を考えることは、普通（自然な）ことですし、無意識のうちにやっていてもおかしくありません。

③ **解答** **新しい言葉を覚えること**
「これ」は直前の内容を指すので、直前の内容から探しましょう。この問いでは、傍線部の前の文に**指示対象**が含まれています。赤ちゃんや子どもは、人の会話を聞いたり、自分が話したりしながら新しい言葉を覚えていくので、**指示語**の後の内容ともつながります。

④ **解答** **意味を知らないまま調べなかった言葉**
傍線部の後の内容もヒントにしましょう。この場合は一つ前の文に書かれた内容を指しています。「あれ」は基本的に物理的または時間的に離れたものを指します。調べずに終わった単語の意味を後で思い返したり、またその言葉に出会ったりすることはあるので、後の内容ともつながります。

演習の問題 ↓本冊P.59

1

① **解答** ⓒ
文章に一度登場した言葉を言い換え、名詞を修飾する言葉を**指示連体詞**と呼びます。

② **解答** ⓐ
前の具体例や詳しい説明をまとめる働きをする指示語を**まとめの指示語**と呼びます。

③ **解答** ⓑ
「具体例」は後で「**まとめの指示語**」によってまとめられることがあります。

④ **解答** ⓓ
「このような」「そのような」などのまとめの指示語の指示対象は、**複数**の文にまたがる場合があります。

2

① **解答** **音楽を楽しむということ**
直前の文に「古い昔から」という言葉があり、「この習慣」を表していることがわかります。具体的な**指示対象**は音楽を「楽しんできた」の部分であり、解答はそれがわかる表現であればよいでしょう。人が昔から音楽を楽しんできたことは、「人間の本能的な音楽とのつながり」を感じさせるので、後の内容ともつながります。

② **解答** **音楽が存在すること**
「人間の共通点」として、ここまでは音楽のみが**具体例**として取り上げられています。このことから、音楽の存在を指していることがわかります。それぞれに別々の文化を持つ世界中の人々が交流するうえで、「音楽を楽しんでいる」という共通点があることは多くの人がわかり合うための助けになるので、後の内容ともつながります。

③ **解答** **音楽を含めた芸術やスポーツの分野など**
この**指示対象**は、直前の部分にあり、②の解答であった音楽を加えた「芸術とスポーツ」という分野です。絵画や映画といった芸術や、野球やサッカーなどのスポーツは世界中の人が楽しんでいて、国際的な賞や大会が開かれています。

④ **解答** **同じものを楽しむことができること**
この**指示語**は「その」の直前の部分全体を指しています。「同じものを楽しむことができる」ことによって、たとえば、一緒に音楽を聴いたりサッカーをしたりすることを通して、世界中の人が仲良くなる可能性が生まれます。

接続表現1

演習の問題
↓本冊P.61

1

① 解答 ⓒ

「しかし」「だが」など前後の文の内容が反対になる接続表現を**逆接**の接続表現と呼びます。

② 解答 ⓓ

「だから」「したがって」など前の文が原因・理由で、後の文が順当な結果になる接続表現を**順接**の接続表現と呼びます。

③ 解答 ⓑ

「たとえば」など後に具体例が来る接続表現を**例示**の接続表現と呼びます。

④ 解答 ⓐ

「そして」は前の文の事柄に後の文の事柄がつながることを示すだけで、前後の関係は様々でありうる接続表現なので、注意が必要です。「そして」がある時は、前後の関係がどうなっているか考えることが大切です。

2

① 解答 ⓒ

空欄の前文に誤った情報が広がることが書かれており、空欄の直後にはその具体例が示されています。よって、**例示**の接続表現の「たとえば」が正解です。「ワクチンに関して多くの情報が飛び交い、誤った情報が拡散されたこと」は、「正しい情報だけが拡散されるわけではないということ」の**具体例**となっています。

② 解答 ⓐ

空欄の前文には「〜が理想だ。」とあり、空欄の直後には「現実には〜」として反対の内容が書かれています。よって、**逆接**の接続表現の「しかし」が正解です。「重要な事柄に関しては根拠や出所がはっきりした正しい情報だけが出回るの」が理想であるのに対し、「根拠のない情報も簡単に広がってしまい人々を不安にさせたり間違った判断に導いてしまったりする」という反対の現実があると本文には書かれています。

③ 解答 ⓑ

空欄の前文の内容が空欄直後の文の内容の原因・理由となっています。よって、**順接**の接続表現の「だから」が正解です。この文章では、「インターネットが普及した」時代に「根拠のない情報」が簡単に広がり、「人々を不安にさせたり間違った判断に導いたりしてしまったりする」ことが目立つことを理由に、「すべての情報をそのまま信じるわけにはいかない」という主張がされています。

演習の問題 ↓本冊P.63

1

① 解答 ⓑ

「かつ」「また」「および」は**並立・累加**の接続表現です。**並立・累加**の接続表現は、前後の内容が両方必要だということを示します。

② 解答 ⓒ

「つまり」「すなわち」は**換言・要約**の接続表現です。**換言・要約**の接続表現の前後の内容は同じになります。

③ 解答 ⓐ

「または」「あるいは」は「**対比・選択**」の接続表現です。「**対比・選択**」の接続表現は、前後の内容の少なくともどちらか一方を選ぶことを示します。

2

① 解答 ⓐ

文章全体を通して学ぶこととそれ以外（遊ぶこと）がどちらも重要視されていると書かれているので、**並立・累加**の接続表現の「かつ」が正解です。一行目に「学校教育は勉強だけを目的としているわけではない」と書かれているため、**対比・選択**の接続表現の「または」は当てはまらず、学ぶことと遊ぶことは同じ内容ではないため、**換言・要約**の接続表現の「つまり」も正解ではないと判断できます。

② 解答 ⓒ

空欄直前の「勉強の機会」と直後の「授業」が同じ内容なので、**換言・要約**の接続表現の「つまり」が正解です。前後が同じ内容のとき、**対比・選択**と**並立・累加**の接続表現は使えません。

③ 解答 ⓑ

空欄の前後の趣味につながるものに「出会える」ことと「出会えない」ことで反対の内容になっています。反対の内容が両立することは普通はなく、どちらか一方を選ばなければならないので、**対比・選択**の接続表現の「または」が正解です。前後の内容が反対になっているときは、**並立・累加**と**換言・要約**の接続表現は使えません。

接続表現3

演習の問題
本冊P.65

1

① **解答** ⓒ
「なぜなら」「というのは」は**理由**の接続表現です。

② **解答** ⓔ
理由の接続表現は前の**主張**の理由を示します。

③ **解答** ⓑ
「もっとも」「ただし」は**補足**の接続表現です。

④ **解答** ⓐ
補足の接続表現は前の事柄に**反対**の内容を付け加えることを示します。

⑤ **解答** ⓓ
転換の接続表現の前後では話題が変わります。

2

① **解答** ⓐ
空欄後の一文が空欄前の一文の理由になっているため、**理由**の接続表現の「なぜなら」が正解です。脳が「決断を下した後にその決断が『意志』として意識される」とすれば、人間は脳から自由な意志を持っているとは言えなくなります。

② **解答** ⓑ
空欄前の内容と空欄後の内容が反対になっているため、**補足**の接続表現の「ただし」が正解です。「科学的な知見を無視することはできない」が、人間の自由な意志の有無はあくまで議論されている途中であり、「自由な意志が全くないと断定されたわけでは」ないという補足がなされています。

③ **解答** ⓒ
空欄より前の段落では人間に「自由な意志」があるかないかを科学的な視点から考える内容が書かれているのに対し、空欄から始まる段落では社会の仕組みの話に話題が変わっているので、**転換**の接続表現の「ところで」が正解です。「ところで」以降では、第一段落の内容を踏まえて、もし人間が「自由な意志を持たない」とされた場合に、社会がどうなってしまうかという問題が提示されています。

具体例

演習の問題 ↓本冊P.67

1

① 解答 数学上の難問といえども、数学者にしか理解できないものだけではない。たとえば、（もっとも効率的にオレンジを積む方法の証明には、何百年もの時間がかかった。）我々の身近なところにも、大きな問題が潜んでいるのだ。

「たとえば」が**具体例のマーカー**となっています。「もっとも効率的にオレンジを積む方法の証明に何百年もの時間がかかった」ことが、「数学上の難問が数学者にしか理解できないものだけではない」とする筆者の主張の**具体例**になっています。

② 解答 （雪は、水が固体となった姿である。春になると、山の雪は溶け、液体となって川へ流れる。川の水は海へと流れ込み、太陽の熱によって蒸発し、気体となる。）このように、水は姿を変えながら地球を循環している。

「このように」がそれ以前の部分をまとめる**具体例のマーカー**となっています。「雪は、水が固体となった姿」であり、春に山の雪が解けて川へ流れ、川の水は海へ流れ込み、太陽の熱によって気体となることが、「水は姿を変えながら地球を循環している」という筆者の主張の**具体例**になっています。

③ 解答 科学は人類を豊かにしてきた。たとえば、（電球の発明によって人類は夜にも活動できるようになった。）一方で、科学は人類に悪影響を与えることもある。たとえば、（冷蔵庫に使われたフロンガスはオゾンホールに穴を開けてしまった。）開発した科学技術をどう扱うかという点についても、考えていくことが大切だ。

「たとえば」が**具体例のマーカー**となっています。「電球の発明によって人類は夜にも活動できるようになった」ことは、「科学は人類を豊かにしてきた」という筆者の主張の**具体例**に、「フロンガス」が「オゾンホールに穴を開けてしまった」ことは「科学は人類に悪影響を与えることもある」とする筆者の主張の**具体例**になっています。

④ 解答 本を読みたい場所は人によって違う。（寝る前に枕元で読みたい人もいるし、公園でベンチに座って読みたい人もいる。）一人一人好きな場所で本を楽しむのがいいだろう。

「本を読みたい場所」→「枕元や公園」→「本を読みたい場所」と話題の大きさが変わっています。枕元や公園のベンチは「本を読みたい場所」の**具体例**になっています。

⑤ 解答 数学で計算ミスをしたときは、その原因をしっかり考えるべきである。（字が汚くて読み間違えてしまったのかもしれない。あるいは九九を間違えてしまっていたということも考えられるだろう。）いずれにせよ原因を知ることで、次回以降のミスを減らすことができる。

「計算ミス」→「字の汚さによる読み間違いや九九の間違い」→「計算ミス」と話題の大きさが変わっています。字の汚さや九九の間違いは「計算ミス」の「原因」の**具体例**になっています。

⑥ **解答** 本棚には持ち主の性格や好みがよく表れる。（図鑑が多い本棚の持ち主はきっと理科が好きだろう。分厚い本が多い本棚の持ち主は、忍耐力や集中力があるのかもしれない。）人は本に影響されて生きていく。それゆえに、本棚は人間を映す一種の鏡になっているのである。

「本棚は人間を表す」→「本棚の中身とその人」→「本棚は人間を表す」と話題の大きさが変わっています。「図鑑が多い本棚の持ち主は、理科が好き」で、「分厚い本が多い本棚の持ち主は、忍耐力や集中力があるのかもしれない」ということが、「本棚には持ち主の性格や好みがよく表れる」ことの**具体例**になっています。

Chapter 4
26講

体験談

演習の問題
↓本冊P.69

1

① 解答（幼稚園の頃、遊んでいたボールを追いかけて車の前に飛び出してしまったことがある。幸い車が止まってくれたが、危うく大怪我をするところであった。）そのとき以来、常に事故に気をつけて生きている。「幼稚園の頃」という過去を表す言葉に注目します。車にひかれかけた**体験談**を通して、「事故に気をつけて」いることを言おうとしています。

② 解答（中学生のとき、理科の実験でマッチをつけるのが好きだった。シュッと擦るだけで不思議と火がつくのが面白かったのだ。そのうちにマッチの火がつく原理に興味が湧いて、理科の勉強にのめり込むようになった。）このときの体験が、私が科学者を目指す原点となった。「中学生のとき」という言葉に注目します。マッチに興味を持った**体験談**から、「科学者を目指す」ようになったことを言おうとしています。

③ 解答（昔、算数が得意だった。できない人を馬鹿にして、教えを乞われても無視していた。中学に入ると、算数は数学となり、途端に難しくなった。そのときやっと、困っている人の気持ちを理解することができた。）
それ以来、勉強について質問されたら優しく対応するようにしている。「昔」という過去を表す言葉に注目します。算数が数学に変わって難しさを実感した**体験談**を通して、筆者は「勉強について質問されたら優しく対応するようにしている」ことを言おうとしています。

④ 解答（幼稚園のとき、ホテルの朝食がバイキング形式だったので、料理を山ほどお皿に盛って食べようとしたことがある。最初のうちは良かったが、途中から苦しくなって食事が楽しめなかった。）「過ぎたるは及ばざるが如し」というように、何事も欲張り過ぎず程々にするのが良い。「幼稚園のとき」という過去を表す言葉に注目します。ホテルのバイキングを取りすぎた**体験談**を通して、筆者は「何事も欲張り過ぎず程々が良い」ことを言おうとしています。

⑤ 解答（小学生の頃、友達とタイムカプセルを校庭に埋めた。大人になった後、同級生のみんなで掘り返そうとしたが、場所がわからない。結局タイムカプセルは見つからなかったが、久しぶりに集まったみんなで探すのが楽しくて満足してしまった。）タイムカプセルは中身も大切だが、みんなで再び集まるきっかけになるという点でも大切なのだ。「小学生の頃」という過去を表す言葉に注目します。埋めたタイムカプセルを見失ったものの、みんなで探すのが楽しかった**体験談**を通して、筆者はタイムカプセルはみんなが「集まるきっかけになるという点でも大切だ」ということを言おうとしています。

⑥ 解答（中学校の授業中、黒色は光を吸収し、白色は光を反射するということを学んだ。その後、所属しているテニス部のユニフォームを決めるとき、白色がいいのではないかと提案した。実際、白のユニフォームは太陽の光を反射し、熱を溜めないため、快適にプレーをすることができた。その結果、大会で良い成績を残すことができた。）
学校で学ぶ知識も、生活にかなり役立つものなのである。

「中学校の授業中」という過去を表す言葉に注目します。授業で聞いた知識を活かして快適にテニスができた**体験談**を通して、筆者は「学校で学ぶ知識も、生活にかなり役立つ」ことを言おうとしています。

1

① 解答 学校で、ニュートンという人の業績について学んだ。私も、（ニュートンのような）偉大な科学者になりたい。つまり、（世界を変えるような）重大な発見をしたいということである。

「ような」に注目してください。**直喩**（**明喩**）に分類される比喩です。単に「偉大な科学者」と言うのではなく、「ニュートンのような」「世界を変えるような」という**比喩**を使うことによって「私」が目標としている科学者の偉大さがイメージしやすくなっています。

② 解答 「（人間は考える葦）である。」という有名な言葉がある。葦とは水際に生える植物で、動物によって折られてしまうこともある。同じく、人間は自然界ではか弱い存在である。しかし、「考える」ことができる点においてとても偉大なのである。

「ような」「みたいな」を使っていないため、**隠喩**（**暗喩**）に分類される比喩です。人間を「葦」にたとえることによって、自然界における人間のか弱さを表現し、ただの葦ではなく「考える葦」とすることによって「考える」ことができるという特徴を持つ人間の偉大さを表現しています。

③ 解答 私はプールが苦手である。私の上に水が（のしかかって）、溺れさせてくる気がするのだ。だから、プールの時間はいつも憂鬱だった。しかし、夏は好きだ。太陽の眩しい光が、「がんばれ！」と（応援してくれる）気がするからだ。

水や太陽という人でないものを人にたとえているので、**擬人法**に分類される比喩です。このように表現することで、「私」がどれくらい「プール」が苦手」で、憂鬱に感じているかがイメージしやすくなっています。

2

① 解答 （アイスは爽やかさの結晶）だ。夏の暑い日も、冬の寒い日も一年中楽しめる食べ物である。アイスを食べると清々しい気持ちになって、また頑張ろうと思える。

「ような」「みたいな」を使っていないため、**隠喩**（**暗喩**）に分類される比喩です。比喩に用いられた「爽やかさの結晶」が「清々しい気持ちになって」と対応しています。

② 解答 （小説は私たちの先生のようなもの）だ。夏休みや冬休みには、読めるだけ読んでみた方がいい。他の人の人生が、思いが、小説には書かれている。小説を読むことで、私たちは心を豊かにする方法を学んでいくことができるのである。

「ような」に注目してください。**直喩**（**明喩**）に分類される比喩です。比喩に用いられた「私たちの先生」が「学んでいく」と対応しています。小説を先生にたとえることによって、小説から「心を豊かにする方法」を学べることがイメージしやすくなっています。

③ 解答 幼稚園児に火の絵を描かせると、単純に赤で描く子が多い。しかし、実は火の色は一つだけではなく、私たちに様々なことを（教えてくれる）。ナトリウムを入れた火は、黄色になる。ガスバーナーを使うとき、空気とガスの比が適切かは、火の色が青くなっているかで判断できる。同じ火といえども、その色を観察することで様々なことがわかるのだ。

火の色という人でないものを人にたとえているので、**擬人法**です。比喩に用いられた「教えてくれる」が「様々なことがわかる」と対応しています。

演習の問題 ➡本冊P.71

演習の問題 ↓本冊P.73

1

① **解答** 自分にできる範囲で、なるべく人には優しくするべきだ。なぜならば、「情けは人の為ならず」と言うように、自分が困ったときに今度は自分が助けてもらえるからである。ただし、自分の限界を超えて過度に人を助けるのは控えるのが良い。

「べきだ」は「主張の表現」であり、「なぜならば」は「理由の接続表現」です。

② **解答** 学校で学ぶ教科のうち、最も重要な教科とは何だろうか。どんな教科でも教科書を読むことは学校の勉強の基本となる。よって、教科書を読む能力は勉強していく中で非常に大事になる。それゆえ、ものを読む力を身につける現代文は、学校で学ぶ教科の中で最も重要な教科と位置付けるべきだ。

「よって」、「それゆえ」は「理由の接続表現」であり、「べきだ」は「主張の表現」です。

③ **解答** 理科を得意教科にするには、教科書の内容を身の回りの現象に応用して考えることが重要である。なぜならば、学んだ理論を使って自然現象を解析する力が磨かれるからである。たとえば、物理では水滴の落下速度が一定に落ち着いていくことを学ぶ。これを応用することで、小さな虫が高いところから落ちても無事な理由を考えることができる。

「重要である」は「主張の表現」であり、「なぜならば」は「理由の接続表現」です。

2

① **解答** 幸福は、自分の中に見つけるべきだ。なぜなら、他人との相対評価をしていては、いつまでも自分より上の人間が見つかるからだ。それを続けていては、いつまでも幸福には辿り着けない。

「**主張。なぜなら、根拠**」型の論証です。

② **解答** 自分の好きなものや大事なものを自覚することは重要だ。なぜなら、人生における重要な選択の際には、それらが判断の基準になってくれるからだ。たとえば興味のある学問の自覚は進路の選択に役立つ。大人になる過程を通じて、少しずつ探していけると良いだろう。

「**主張。なぜなら、根拠**」型の論証です。

③ **解答** 英語学習の際に単語帳を利用する者は多い。しかし、単語の小テストで正解しただけで語彙が身についたとは言えない。母語を習得したときのことを思い出そう。語彙は会話や読書の中で培われていくものだ。それゆえ、英語の学習の際には会話をしたり英語のニュースを見聞きしたりして、覚えた単語を活用する機会を作るべきだ。

「**根拠。したがって、主張**」型の論証です。

1

① **解答** ⓐ

「高校時代の思い出」＝「一生の宝物」という飛躍した主張ですが、ⓑでその**理由**が述べられています。

② **解答** ⓑ

「文化を尊重すること」が「最も重要である」という**理由**がⓒやⓓで述べられています。

③ **解答** ⓑ

「麻疹」が「最も厄介な感染症」である**説明**がⓒやⓓで述べられています。

2

① **解答** 主張ⓐ　根拠ⓑ

「人生」＝「冒険」という飛躍した主張の**根拠**がⓑで述べられています。

② **解答** 主張ⓐ　根拠ⓑ

「勉強において読解力は必須」という主張に対して、その**根拠**が直後のⓑで述べられています。

③ **解答** 主張ⓑ　根拠ⓒ

「海」が「神秘的」という主張の**根拠**がⓒで述べられています。

演習の問題 ↓本冊P.75

Chapter 4
30講

問題提起

演習の問題 ↓本冊P.77

1

① 解答 ⓑ

ⓐ「海外旅行をする際、最も大切なことは何だろうか」は疑問文なので、この文は**問題提起**です。ⓑ「様々な意見があるだろうが、私は異文化理解だと考える」は**問題提起**に対する**答え**となっているので、ⓑが正解です。ⓒは「私の体験であるが」と書いてあるように**体験談**で、ⓑの主張の理由になっています。

② 解答 ⓑ

ⓐ「英語を学ぶことは重要なのだろうか」は疑問文なので、この文は**問題提起**です。ⓑ「私は重要であると感じている」は**問題提起**に対する「答え」となっているので、ⓑが正解です。ⓒは「なぜなら」から始まっているので、ⓑの主張の理由になっており、ⓓはⓒの理由の**具体例**になっています。

③ 解答 ⓒ

ⓑ「ルールを守る必要はあるのか」は疑問文なので、この文は**問題提起**です。ⓒ「ルールは守る必要がある」は**問題提起**に対する**答え**となっているので、ⓒが正解です。

④ 解答 ⓒ

ⓐ「子どものスマホ依存はなぜ起こるのだろうか」は疑問文なので、この文は**問題提起**です。ⓑは一見**問題提起**に対する**答え**のように思えますが、ⓒでスマホ依存の主な原因は子どもの好奇心だとするⓑの内容が否定されて「親にこそ原因がある」と言われているので、ⓒが正解です。このように、筆者が自分以外の主張を一度出して否定したうえで自分の主張をする場合があるので注意が必要です。

⑤ 解答 ⓓ

ⓑ「では、適切な睡眠時間はどのくらいなのだろうか」は疑問文なので、この文は**問題提起**です。ⓒは一見**問題提起**に対する**答え**のように思えますが、ⓓで適切な睡眠時間が七時間だとする一般論が否定されて「人それぞれだ」と言われているので、ⓓが正解です。このように、筆者は一般論を紹介してそれを否定したうえで自分の主張をすることもあります。

⑥ 解答 ⓔ

ⓑ「なぜ、恐竜は絶滅したのだろうか」は疑問文なので、この文は**問題提起**です。ⓒ、ⓓでは多くの専門家がとる説が紹介されているので、これが**問題提起**に対する**答え**のように思えますが、ⓔで恐竜の絶滅の原因を「巨大隕石の衝突」だとする主張が否定され、「急な気候変動」が原因だとされているためⓔが正解です。

1

① 解答 ⓑ

ⓑが**引用**で、ⓒがその説明です。「急いで行動するとかえって失敗するため、ゆっくりでも着実な道を選んだほうが良い」という意味のことわざを**引用**することで、「切羽詰まった状況では、落ち着いて行動するのが良い」という筆者の主張の説得力が増しています。

② 解答 ⓑ

ⓑが**引用**で、ⓒがその説明です。「時として暴力よりも言論の方が大きな力を持つ」という意味の名言を**引用**することによって、「言論や思想の力は、時に武力を大きく上回って民衆に影響を与える」という筆者の主張の説得力が増しています。ちなみに、この言葉はイギリスの小説家ブルワー・リットンの戯曲『リシュリュー』の一節だとされており、戯曲の中では、権力を持つ者の政治の力は権力を持たない者の武力よりも強いという意味で使われています。

③ 解答 ⓑ

ⓑが**引用**で、ⓒがその説明です。筆者はオットー・ビスマルクの言葉を**引用**し、「愚者は自分の経験からしか学ばないが、賢者は自分の経験からだけでなく、他人の経験からも学ぶ」という意味だと説明を加えています。

2

① 解答 ⓓ

ⓒが**引用**で、ⓓがその説明です。ⓐ「ある選択を迫られたとき、私たちは、どうするのが良いのだろうか」は疑問文なので、この文は**問題提起**です。ⓒ、ⓓはこの**問題提起**に対する**答え**になっていますが、画家の岡本太郎の言葉を**引用**することによって、「迷ったとき」には「困難な選択」をすることで「自信が持てる」という筆者の主張の説得力が増しています。

② 解答 ⓓ

ⓒが**引用**で、ⓓがその説明です。ⓐ「科学の進歩とは、どのようなものだろうか」は疑問文なので、この文は**問題提起**です。ⓒ、ⓓはこの**問題提起**に対する答えになっていますが、アイザック・ニュートンの言葉を**引用**することによって、「先人たちが積み重ねてきた業績を基に、新たな発見」をすることが「科学の進歩」だとする筆者の主張の説得力が増しています。

1

① **解答** ⓒ
譲歩がⓑで、**筆者の主張**がⓒとなります。

② **解答** ⓓ
譲歩がⓑとⓒで、**筆者の主張**がⓓとなります。

③ **解答** ⓔ
譲歩がⓒとⓓで、**筆者の主張**がⓔとなります。

④ **解答** ⓒ
譲歩がⓑで、**筆者の主張**がⓒとなります。

⑤ **解答** ⓓ
譲歩がⓑとⓒで、**筆者の主張**がⓓとなります。

⑥ **解答** ⓔ
譲歩がⓑとⓒとⓓで、**筆者の主張**がⓔとなります。

↓本冊P.81 演習の問題

心情の基本（単純な心情）

演習の問題 ↓本冊P.83

1 解答 ⓑ

傍線部の直前で「人生で一番嬉しい」とあるので、嬉しい**気持ち**であることがわかります。その「**原因**」は、一打出れば勝利する大事な場面で打つことができたからで、最終行では嬉しさのあまり「涙をこぼした」という「**結果**」が書かれています。したがって、正解はⓑです。

ⓐ「大事な場面で自分の番が回ってきたので、緊張に耐えられない気持ち」は「緊張に耐えられない」ということが本文に書かれていないので間違いです。「一つ大きく深呼吸をし」とあるので、「オレ」は緊張を落ち着けようとしていることはわかりますが、その後は見事にボールを打ったわけですから、緊張に耐えられなかったとは言えません。

ⓒ「大事な場面で打つことができたが、負けた相手チームのことを思うと悲しい気持ち」は「負けた相手のチームを思うと悲しい」ということが本文に書かれていないので間違いです。「涙をこぼした」とあることから「オレ」が悲しい気持ちになっていると思うかもしれませんが、傍線部の直前を見れば分かるようにこれは嬉し涙です。このように、涙が出てくる場合であっても、必ずしもマイナス心情とは限らないので、「心情を表す語」の前後を読んで、「原因」と「結果」を把握してから判断するようにしましょう。

2 解答 ⓒ

傍線部の直前で、「トモヤ」の点数が「俺」の点数より高かったことが書かれているため、これが傍線部の「声をあげてしまった」という「**結果**」の「**原因**」だと考えられます。この文章では「俺」の心情がはっきりとは書かれていませんが、親友でありライバルの「トモヤ」にテストで負けた時に感じる気持ちは「悔しい気持ち」だと推測でき、最後の「今回は自信があったのに……」というセリフからも悔しさが読み取れるので、正解はⓒです。

ⓐ「今回の定期テストもトモヤといい勝負ができたので、嬉しい気持ち」は「嬉しい気持ち」が本文から読み取れないので間違いです。「今回は自信があったのに……」というセリフからは嬉しさを読み取ることはできません。

ⓒ「定期テストの結果であと一歩トモヤに届かなかったが、いい点数は取れたので、満足する気持ち」は「いい点数は取れたので、満足する気持ち」が本文から読み取れないので間違いです。「今回は自信があったのに……」というセリフからはむしろ、点数の良し悪しに関わらず、「トモヤ」に負けてしまったことに対する悔しさがにじみ出ています。

Chapter 5
34講

心情の応用1（心情の変化）

演習の問題 ↓本冊P.85

1 **解答** ⓑ

一文目には「ひろしは泣きそうになっていた」とあり、二文目には「大事に飼っていたカブトムシがケースから居なくなっていたからだ」と**理由**が書かれているため、「ひろし」はカブトムシがいなくなったことで**マイナス心情**になっていることがわかります。五文目を見ると、「ひろしはカブトムシが死んでしまうのではないかという不安に駆られていた」とあるので、ひろしのマイナス心情は「不安」な気持ちであることが分かります。しかし七、八文目で「ひろし」はカブトムシを発見し、傍線部では「カブトムシの安全を確認し、胸を撫で下ろした」とあるため、「ひろし」の不安は解消されて、プラス心情に変化したことがわかります。したがって、正解はⓑです。マイナス心情がプラス心情に変化したことをとらえている選択肢はⓑしかありません。ⓐは「怒りを抑えられない気持ち」が、ⓒは「さらに心配でいっぱいな気持ち」がそれぞれ傍線部の「胸を撫で下ろした」と矛盾するので間違いです。

2 **解答** ⓒ

一文目には「たかしは友人の前で苦し紛れに作り笑顔をしてみせた」とあり、二文目には「部活中、たかしは調子が悪く、ミスを連発して、他のメンバーに迷惑をかけていた」と**理由**が書かれているため、「たかし」は部活での調子が悪いことで**マイナス心情**になっていることがわかります。四文目をみると、「みんなは自分に居て欲しくないと思っているだろう、とたかしは想像し、落ち込んでいた」とあるので、「たかし」のマイナス心情は「落ち込む」気持ちであることがわかります。しかし五、六文目で友人が「たかし」を励ましたことで、傍線部で「たかし」は「自然と笑みを浮かべていた」とあることから「たかし」の落ち込みは解消され、プラス心情に変化したことがわかります。したがって、正解はⓒです。マイナス心情がプラス心情に変化したことをとらえている選択肢はⓒしかありません。ⓐは「自暴自棄になる気持ち」が、ⓑは「どんどん元気がなくなっている気持ち」がそれぞれ「自然と笑みを浮かべていた」と矛盾するので間違いです。

Chapter 5
35講

心情の応用②（結合原因の心情）

演習の問題
本冊P.87

1

解答 ⓐ

原因A（**出来事・事件**）は「部活動の引退をかけた試合に負けたこと」であり、原因B（**特殊事情**）は積み重ねてきた努力の成果を「充分に出せた」ことによって、「引退試合を通じて、今までの人生で一番の充実感を感じることができた」ことです。原因Aのみでは傍線部「僕は曇りのない笑みを浮かべていた」から読み取れる嬉しい感情との間に**飛躍**があります。しかし、原因Aと原因Bを合わせることで試合には負けたけれど練習の成果を発揮できて「嬉しい」という感情が理解できます。したがって、正解はⓐです。原因A（出来事・事件）と原因B（出来事・事件）を両方含んだうえで、傍線部から読み取れる**プラス心情**をとらえている選択肢はⓐしかありません。

ⓑは傍線部からは悔しさという感情は読み取れないので間違いです。ⓒは部活動には「先輩が引退してからのこの一年間、時にはぶつかりながらもみんなで必死に努力してきた」と言及されているため、「嫌々やってきた部活」という表現が間違いです。また、原因A（出来事・事件）が含まれていません。

2

解答 ⓒ

原因A（**出来事・事件**）は「化学の実験で補習となってしまったこと」で、原因B（**特殊事情**）は「珍しく面白い実験を見せてもらえる」ことです。原因Aのみでは傍線部「顔には笑みがこぼれていた」から読み取れる嬉しい感情との間に**飛躍**が見られます。しかし、原因Aと原因Bを合わせることで補習になると珍しく面白い実験を見せてもらえて「嬉しい」という感情が理解できます。したがって、正解はⓒです。原因A（出来事・事件）と原因B（出来事・事件）を両方含んだうえで、傍線部から読み取れる**プラス心情**をとらえている選択肢はⓒしかありません。

ⓐは「補習を受けるのはやはり嫌だと思う」という感情は傍線部からは読み取れないので間違いです。

ⓑは「部活をサボることができて喜ぶ気持ち」は本文から読み取れないため間違いです。

Chapter 5
36講

心情の応用③（心情の交錯）

演習の問題 ↓本冊P.89

1 解答 ⓐ

「新しい家の完成を想像すると胸が踊る」という記述から、「古い家が新しくなる」という**原因**によって「嬉しさや喜び」という**心情**が生まれていることがわかります。また、「家にはおばあちゃんとの思い出がいっぱい詰まっていた」や「崩れていく家を見ていると、おばあちゃんとの思い出が消えていくようでなんだか寂しくなってしまった」という記述から、「おばあちゃんとの思い出の詰まった家の消失」という**原因**によって「寂しさ」という心情が生まれていることがわかります。

傍線部では主人公の口角が上がる（＝笑う）がその笑みがすぐに消えていることから、プラス心情とそれを打ち消すマイナス心情が同時に生じていることがわかります。したがって、正解はⓐです。リフォームを嬉しく思う気持ちと、祖母との思い出が消えていくことを寂しく思う気持ちという、相反する二つの心情を両方ともとらえている選択肢はⓐしかありません。

ⓑは「珍しく家のリフォームを間近で見られた嬉しさ」が本文から読み取れないので間違いです。家が新しくなることを喜んでいるのであって、リフォームの様子を見られたことが嬉しいわけではありません。

ⓒは「祖母の死を思い出させる家がなくなりホッとする気持ち」が本文から読み取れないので間違いです。むしろ「私」は祖母との思い出が消えていくことを寂しく感じています。

2 解答 ⓑ

「お前も、もうすっかり一人前だなぁ」という父の言葉に対して「嬉しい言葉だった」との感想を抱いていることから、「父に認められる」という**原因**によって「嬉しさ」と言う**心情**が生まれていることがわかります。また、「昔のようなたくましい父の面影はもうなくなってしまったことに、悲しさを感じずにはいられなかった」という記述から、「父の衰え」という**原因**によって「悲しさ」と言う**心情**が生まれていることがわかります。

傍線部では主人公が笑いながらも涙を見せていることから、プラスとマイナスの二つの感情を同時に感じていることがわかります。したがって、正解はⓑです。父から一人前と認められたことを嬉しく思う気持ちと、父の衰えを実感して悲しく思う気持ちという、相反する二つの心情を両方ともとらえている選択肢はⓑしかありません。

ⓐは「成人した嬉しさ」が本文から読み取れないので間違いです。「僕」は父から一人前と認められたことに嬉しさを感じています。

ⓒは「父の老いながらも元気な姿を嬉しく感じる気持ち」が本文から読み取れないので間違いです。「僕」は父の老いを悲しく感じています。

柳生の
ここからはじめる
現代文ドリル

修了判定模試　解答と解説

1
問一　環境問題の／深刻さが／世界各地で／議論されている。
問二　②　問三　②　問四　B④　C①　D②　E③
問五　①　問六　③　問七　①

配点　問一＝7点　問二＝5点　問三＝7点　問四＝各5点
問五＝9点　問六＝9点　問七＝9点　（合計66点）

解説

1
問一　**文節**に分けるときは、**自立語**の上で切ります。ただし、「環境問題」、「世界各地」、「議論される」といった、複数の言葉がつながってできた言葉や、「している」「されている」のような言葉は一語と見なします。↓01講

このような問題では、まず**述部**から探します。文の最後の方にある、**動詞・名詞・形容詞・形容動詞**を中心とした意味のまとまりを探すと、「議論されている」が見つかります。これが**述部**です。次に**主部**となる「名詞＋は／が」のまとまりを探すと、「環境問題の深刻さが」が見つかります。これが**主部**です。↓17講

問二　Aの空欄の前には「これまで通りの便利な生活を続けて地球に住めなくなる」とあり、空欄の後には「今すぐ生活の仕方を変える」という反対の内容が書かれているので、**対比・選択の接続表現**の②が正解です。①は**並立・累加の接続表現**なので間違いです。↓23講

問三　傍線部を含む一文を確認すると、文の先頭に「しかし」という**逆接の接続表現**が見つかります。「しかし」の前後では文の内容が反対になるので、環境破壊の根本的な原因は傍線部より前には無く、後ろに出てくると推測できます。次の**段落**を見ると、一文目に「環境破壊の原因は、近代ヨーロッパに特有の考え方に求められる」とあるので、正解は②です。①の「異常気象および地球温暖化による海水面の上昇」は、第一段落のはじめにあるように環境問題の具体例なので、原因ではありません。③の「哲学者のルネ・デカルト」は第二段落を読めばわかるように近代ヨーロッパに特有の考え方の具体例なので、環境問題の根本的な原因ではありません。↓22講、↓25講

問四　Bは、空欄を含む文末に「からである」とあり、内容的にも前の文の理由になっているので、**理由の接続表現**の④が正解になります。

↓24講 Cは、空欄の直後の「哲学者のルネ・デカルト」が空欄の前の「近代ヨーロッパの思想」の具体例になっているので、**例示の接続表現**の①が正解になります。↓22講、↓25講

Dは、空欄の前後がともに近代ヨーロッパの人間が自然を物として利用できるとする思想が環境問題を引き起こしたという同じ内容になっているので、**換言の接続表現**の②が正解になります。↓23講

Eは、あまった選択肢の③が正解になります。内容的にも、空欄の前が空欄の後の理由になっているので、**順接の接続表現**が入ることがわかります。↓22講

問五 傍線部の直後にデカルトの**引用**があり、引用の後に筆者による**説明**があります。筆者の説明では、「デカルトは、自然をまるでただの物のようにとらえ、人間がそれを利用できると考えていた」とあるので、正解は①です。ちなみに、「自然をまるでただの物のようにとらえ」の部分には**直喩**が使われています。②の「職人の技術を知り、それを適切に使うことによって、自然を守らなければならない」は本文に書かれていないので間違いです。「職人」「技術」という言葉はデカルトの**引用**の中にはありますが、「自然を守らなければならない」ということは書かれていません。③の「原子力発電所は人間の役に立ち、その危険性もコントロールすることが可能である」は第四段落に登場する政治家の発言と一致していますが、デカルトとは無関係なので間違いです。デカルトが生きていた時代には、原子力発電所はありませんでした。↓27講、↓31講

問六 傍線部ⓓから筆者の**体験談**が始まっています。**体験談**が終わった後の、第四段落最後の文では「自然界の出来事を人間が制御できるとする発想は現代でも生きているのだ」という筆者の**説明**があるため、正解は③です。①「原子力発電所の誘致には賛否両論がある」は**体験談**の内容には合っていますが、それが筆者の主張というわけではありません。**体験談**を読むときは、その**体験談**を通して筆者が何を言おうとしているのかを意識しましょう。②「原子力発電所の建設は推進すべきである」は**体験談**に登場する政治家の主張には合っていますが、それと筆者の主張は異なります。↓26講

問七 本文全体の構成を確認します。第一段落では、環境問題という主題が導入された後、生活の仕方を変える必要性を認めて**譲歩**したうえで、まずは環境問題の「根本的な原因」を突き止めるべきだとされています。第二、第三段落では、環境問題の原因が「近代ヨーロッパの思想」だとされ、**具体例**としてデカルトの思想が挙げられています。第四段落では、ヨーロッパの思想家の「影響は現代にも残っているのだろうか」という**問題提起**がされ、**体験談**を根拠としつつ、筆者は近代ヨーロッパの思想が現代にも影響を与えていると考えていることが明らかにされます。ここまでの内容が第五段落の最初では「環境問題の根底には、人間を自然を利用する者としてとらえる思想がある」と要約され、それを根拠に「環境問題を解決するには、我々の世界の見方を第一に変えていく必要がある」という筆者の主張が最終的に導き出されています。したがって、正解は①になります。②「環境問題の原因は近代ヨーロッパの思想家たちにある」は本文の第二、第三、第四段落の内容と一致していますが、第五段落で筆者はそれを理由に新たな主張をしているため、本文全体の主張として最も適当なのは①になります。③「人間は、環境保護よりも文明の発展を優先するべきだ」という内容は本文のどこにも書かれていないため間違いです。むしろ、第一、第五段落では環境問題を解決する重要性が主張されています。↓22講、↓25講、↓26講、↓28講、↓29講、↓30講、↓31講、↓32講

2 **問一** ③ **問二** ③ **問三** ② **問四** ②

配点 問一＝8点 問二＝8点 問三＝9点 問四＝9点 （合計34点）

解説

2 **問一** まず、傍線部を分析すると、「泣きじゃくりたい」気持ちとそれを「何とかこらえていた」気持ちという**心情の交錯**が見られます。傍線部には**心情**もしくは**結果**が書かれているので、前後から**相反する二つの感情の原因**を探します。第三段落には香織の親友の明子が引っ越すことになったことが書かれており、傍線部の後ろには「いつも一緒にいて、何でも相談できる相手だった明子と会えなくなることは、とても悲しく、本音を言えば行かないで欲しかった。しかし、香織は他の誰よりも、明子がバレエに真剣に取り組み、夢であるプロになるために努力してきたことを知っていた」とあるため、明子の引っ越しが悲しいことと、それでも明子がバレエに打ち込むことを応援したいことの両方が含まれる選択肢の③が正解になります。①は「悲しみを表に出して誰かに笑われるのが恥ずかしい」という内容が本文からは読み取れないため間違いです。②は「サボテンを枯らしてしまったことが悲しい」が間違いです。傍線部は、サボテンを明子からもらうお別れ会での出来事の回想なので、香織がサボテンを根腐れさせるよりも前のことになります。小説を読むときは、**場面や時間の変化**に気をつけましょう。↓36講

問二 傍線部には、香織が明子からサボテンをもらったことと、それが他のプレゼントよりも嬉しかったこととの間に**飛躍**が見られます。傍線部の前後から**特殊事情**を探すと、「そんなに大事なものをあげられるくらい、明子が自分を信用してくれていることが伝わってきたことが、香織にとっては一番重要だった」とあるため、明子が特に大事にしていたサボテンをくれたことで、明子からの信頼を感じたことが、香織が単に親友からプレゼントをもらった以上に嬉しかった原因だとわかります。したがって、正解は③です。①は香織がそれまでに明子からもらったどんなプレゼントよりもサボテンをもらえて嬉しかった理由が含まれていないため間違いです。**飛躍**を埋めることを意識し、**結合原因**の心情を見落とさないようにしましょう。②は「これまで明子からもらった他のプレゼントのことはどうでもよくなる気持ち」が本文からは読み取れないので間違いです。↓35講

問三 傍線部では「絶望的な気持ち」と香織の**心情**が書かれているので、前後からその**原因**を探します。傍線部の前を見ると、明子からもらった大事なサボテンを香織が根腐れさせてしまい、「明子に何て言えば良いのだろう……」と思っていることがわかります。したがって、正解は②です。①はサボテンについて触れていないので間違いです。③は、サボテンの根腐れを香織の父親が切り取ったことに気づくのは、傍線部より後であり、「絶望的な気持ち」の原因にはならないので間違いです。小説を読むときは**時系列**に気をつけましょう。↓33講

問四 傍線部には「大粒の涙がこぼれた」という**心情**もしくは**結果**を表す内容が書かれているので、前後から原因を探します。すると、傍線部の前で香織の父親がサボテンの根腐れを解決してくれたことがわかります。また、傍線部の後ろでは「父親への感謝の気持ち」「サボテンを枯らさずに済んだ安堵」「サボテンを大事に育てていこうという決意」という香織の心情を表す説明が見つかります。これらの内容をすべて含んでいるため、②が正解です。①は父親が根腐れを解決してくれたことと、感謝、安堵、決意といった心情が含まれていないため間違いです。この選択肢はむしろ傍線部ⓒの説明になっています。傍線部ⓒからⓓまでの

心情の変化を見落とさないように気をつけましょう。③は父親がサボテンの根腐れを解決したことが入っていないうえ、「すべてが嫌になっている気持ち」が本文から読み取れないため間違いです。↓33講、↓34講

KOKOKARA DRILL SERIES
大学入試
HAJIMERU